Livres audio et voix off avec l'IA

Transformez le texte en profit en utilisant des voix IA pour les livres audio, les podcasts et les projets de narration

Par Joe Correa

Publié par Live Stronger Faster

Ce livre est destiné uniquement à des fins éducatives et informatives. L'auteur et l'éditeur ne fournissent pas de conseils juridiques, financiers ou professionnels. Les lecteurs doivent consulter un professionnel qualifié avant de prendre toute décision financière.

Première édition

Table des Matières

Introduction 5

Chapitre 1 : Commencer avec les voix IA 16

Chapitre 2 : Choisir les bons outils de voix IA 24

Chapitre 3 : Créer des livres audio étape par étape 32

Chapitre 4 : Vendre des services de voix IA en tant que freelance 40

Chapitre 5 : Monétiser des podcasts, des cours et YouTube avec des voix IA 48

Chapitre 6 : Construire un système de revenus passifs avec du contenu vocal 56

Chapitre 7 : Développer avec le clonage vocal, le contenu multilingue et les licences 64

Chapitre 8 : Considérations juridiques, éthiques et de marque concernant les voix IA 72

Chapitre 9 : Utiliser les voix IA pour bâtir une autorité, de l'influence et une marque à long terme 80

Chapitre 10 : Vos prochaines étapes — lancer et développer votre entreprise de contenu vocal 87

Épilogue : L'IA est votre véhicule 94

Introduction

Au cours des dernières années, quelque chose d'incroyable s'est produit — discrètement, mais puissamment. L'intelligence artificielle s'est introduite dans l'une des industries les plus humaines qui soient : la voix. Autrefois, enregistrer des voix off ou des livres audio de qualité nécessitait des milliers de dollars d'équipement de studio, un comédien de voix formé, un ingénieur du son et des heures de montage. Aujourd'hui, tout cela peut être remplacé par quelque chose que vous possédez déjà — un script et un ordinateur portable.

La technologie vocale basée sur l'IA a transformé la façon dont nous créons et partageons l'audio. Ce qui prenait autrefois des semaines et nécessitait plusieurs professionnels peut désormais être accompli en quelques minutes par un seul créateur utilisant quelques outils intelligents. Et ce livre est votre plan. Que vous soyez un auteur souhaitant transformer son écriture en livre audio, un freelance à la recherche d'un revenu supplémentaire, ou simplement curieux de savoir comment les gens utilisent les voix synthétiques pour gagner de l'argent en ligne — ce guide vous montrera comment y parvenir.

Imaginez transformer un article de blog en podcast captivant, un ebook en livre audio multilingue, ou une simple description de produit en une voix off professionnelle — sans jamais prononcer un mot. Voilà la puissance dont nous parlons ici. Vous n'avez plus besoin d'un studio d'enregistrement professionnel ni de talents d'acteur. Vous avez simplement besoin des bons outils et de la bonne stratégie. Ce livre vous donnera les deux.

Mais avant de commencer, répondons à une question importante : pourquoi les livres audio et les voix off ? Pourquoi maintenant ?

La réponse est simple. L'audio est en plein essor. Les livres audio sont l'un des segments à la croissance la plus rapide de l'industrie de l'édition numérique. Aux États-Unis seulement, les revenus des livres audio ont dépassé 2 milliards de dollars l'année dernière — et cette croissance ne ralentit pas. La possibilité d'écouter en conduisant, en marchant ou en faisant des tâches ménagères rend le contenu audio plus attrayant que jamais. À l'échelle mondiale, les auditeurs ont soif de connaissances, d'histoires et de connexion — et ils le veulent au format audio.

Mais il ne s'agit pas seulement de livres audio. Le contenu en voix off explose sur des plateformes comme YouTube,

Instagram, TikTok et les sites d'apprentissage en ligne. Chaque fois qu'un créateur publie une vidéo explicative, qu'une marque diffuse une présentation de produit ou qu'un coach lance un cours en ligne, une opportunité de travail en voix off apparaît. Et voici le secret : la plupart de ces voix off ne nécessitent plus une voix humaine. Les outils d'IA ont égalisé les chances.

Avec des outils comme ElevenLabs, PlayHT et Descript, vous pouvez créer une narration réaliste, expressive et humaine en quelques secondes. Ces outils offrent tout, depuis des voix préconstruites jusqu'à la clonage vocal complet — vous permettant de reproduire votre voix ou de créer un personnage avec seulement quelques lignes d'audio d'entraînement. Vous voulez créer des livres audio dans plusieurs langues ? C'est possible. Vous voulez sonner comme un narrateur chaleureux ou un conteur dramatique ? Facile. Vous voulez ajouter respiration, rythme et émotion pour correspondre à une scène ? Ces plateformes rendent tout cela possible.

Alors, qu'allez-vous apprendre dans ce livre ? Beaucoup de choses.

Vous découvrirez comment utiliser les meilleurs outils vocaux d'IA du marché, et pas seulement comment générer de l'audio — mais comment le rendre exceptionnel. Vous apprendrez à produire des livres audio de qualité professionnelle, à créer des voix off pour YouTube et des podcasts, et à vendre vos services de narration sur des plateformes de freelance. Vous découvrirez où publier votre contenu audio pour atteindre un public mondial — et comment transformer un seul script en multiples sources de revenus. Plus important encore, nous aborderons l'aspect juridique : ce que vous pouvez et ne pouvez pas faire avec les voix d'IA, et comment éviter les violations de droits d'auteur ou les sanctions des plateformes.

Vous apprendrez également à commercialiser vos services de voix off, même si vous n'avez pas encore de portfolio ni de clients. Vous verrez des exemples de créateurs qui ont commencé de zéro et ont construit un véritable revenu en ligne. Que vous cherchiez à gagner quelques centaines de dollars par mois ou à créer une entreprise complète d'édition audio, ce livre vous montrera le chemin.

Parlons maintenant de la personne à qui ce livre s'adresse.

Il s'adresse à l'auteur qui a écrit un livre mais ne peut pas se permettre un narrateur. Il s'adresse au podcasteur qui souhaite une voix claire et cohérente mais n'a pas le temps d'enregistrer chaque épisode. Il s'adresse au freelance qui veut offrir des services de voix off sans utiliser sa propre voix. Il s'adresse à l'entrepreneur qui recherche une activité secondaire évolutive et très rentable avec peu de frais. Et il s'adresse aussi au débutant complet qui n'a jamais utilisé l'IA mais qui est prêt à commencer quelque chose de nouveau.

Vous n'avez pas besoin d'un studio d'enregistrement. Vous n'avez pas besoin d'un micro coûteux. Vous n'avez même pas besoin de votre propre voix. Tout ce dont vous avez besoin, c'est d'un script, d'une stratégie et de la volonté d'apprendre. Les outils que vous découvrirez dans cet audiobook sont faciles à utiliser, abordables et incroyablement puissants lorsqu'ils sont utilisés correctement. Ils permettent à n'importe qui — depuis n'importe où — de créer et de vendre du contenu audio de haute qualité en un temps record.

Nous vivons à une époque où la capacité de parler, d'enseigner ou de narrer peut être automatisée. Et même si cela peut sembler intimidant au premier abord, c'est en réalité la plus grande opportunité que nous ayons jamais eue pour amplifier nos idées, nos histoires et nos messages. Il n'a jamais été aussi facile de construire une marque, une entreprise ou un projet créatif propulsé par vos mots.

Donc si vous avez déjà rêvé de publier un livre audio, de lancer un podcast ou de gagner de l'argent avec votre voix — mais que vous vous êtes senti limité par le temps, l'argent ou la confiance — c'est votre moment.

À propos de ce livre

Nous traversons l'une des plus grandes transformations économiques de notre époque — et la plupart des gens ne s'en rendent même pas compte. L'intelligence artificielle n'est pas seulement une tendance. Ce n'est pas un mot à la mode, une vague temporaire ou un gadget technologique. C'est une évolution permanente dans la façon dont nous créons, communiquons et monétisons notre travail. Et nulle part ce changement n'est plus évident — ou plus rentable — que dans le monde de l'audio.

Ce livre existe parce que quelque chose d'extraordinaire se produit en ce moment : pour la première fois dans l'histoire, n'importe qui — indépendamment de son expérience, de son emplacement ou de son budget — peut transformer de simples mots en contenu audio professionnel et être payé pour cela. Ce n'est pas seulement une activité secondaire. C'est un mouvement. Un mouvement où le texte devient voix, la voix devient valeur, et la valeur devient revenu.

Les livres audio et les voix off se situent à la croisée de deux tendances explosives : la montée de l'écoute passive et l'essor des outils d'IA accessibles. Plus de personnes consomment des informations par l'écoute que jamais auparavant. Que ce soit pendant les trajets, à la salle de sport ou en faisant le ménage, les auditeurs recherchent du contenu qu'ils peuvent absorber tout en vivant leur vie. Et les créateurs se précipitent pour répondre à cette demande avec un contenu audio rapide, flexible et évolutif.

Les gardiens traditionnels de la production audio — studios, agents et contrats d'enregistrement — sont remplacés par des outils accessibles directement dans votre navigateur. Vous n'avez pas besoin d'être un comédien de voix professionnel. Vous n'avez pas besoin d'expérience en montage. Vous n'avez pas besoin d'équipement coûteux. Vous avez simplement besoin d'une bonne idée, d'un message clair et des outils que vous apprendrez à utiliser dans ce livre. C'est pourquoi ce livre est important — parce qu'il vous donne accès à une industrie qui était autrefois fermée à ceux qui n'avaient pas de relations ou de capital.

Parlons chiffres.

Selon Deloitte, le marché mondial des livres audio devrait dépasser 35 milliards de dollars d'ici 2030, porté par les jeunes générations, la consommation mobile et l'augmentation du taux d'alphabétisation dans le monde. Pendant ce temps, les services de voix off prospèrent sur des plateformes comme Upwork, Fiverr et Voices.com, où les talents vocaux sont utilisés pour tout, des publicités vidéo aux animations explicatives en passant par les méditations guidées. Une mission moyenne de voix off se paie entre 50 et 500 dollars — et avec l'IA, vous pouvez en réaliser dix dans le temps qu'il faudrait à un humain pour en faire une seule.

Mais ce n'est que le début. Les créateurs utilisant des voix d'IA monétisent aujourd'hui leur contenu de façons que la plupart des gens n'ont même pas imaginées. Certains gagnent des centaines de dollars par jour en transformant des articles de blog en vidéos YouTube narrées. D'autres créent des versions multilingues de leurs livres en utilisant des voix clonées et les vendent à l'international. Des coachs et des consultants transforment leur contenu en mini-cours narrés, en méditations ou en réponses automatisées par e-mail. Ce livre ne vous montre pas seulement comment créer des voix off — il vous montre comment construire des systèmes qui fonctionnent 24 heures sur 24.

Le potentiel ici ne concerne pas seulement l'argent — il concerne la liberté. La narration par IA vous permet de vous multiplier. Elle vous permet d'être à plusieurs endroits à la fois, racontant votre histoire, enseignant votre contenu et servant votre audience même lorsque vous dormez ou êtes en vacances. Et parce que les outils sont automatisés et évolutifs, vos efforts se cumulent au fil du temps. L'audio que vous produisez aujourd'hui peut continuer à se vendre ou à générer des prospects pendant des années.

Ce livre parle aussi de timing. Nous sommes dans une fenêtre d'opportunité rare — une période où les outils sont puissants mais la concurrence reste relativement faible. Beaucoup de gens hésitent. Ils pensent que c'est trop technique, trop compliqué ou trop saturé. Ils ne réalisent pas que ce qui nécessitait autrefois une équipe entière peut maintenant être accompli en quelques heures avec l'aide de l'IA. Cette hésitation est votre avantage. Si vous agissez maintenant, vous pouvez vous établir pendant que le marché continue de se développer.

Et n'oublions pas l'opportunité mondiale. L'un des aspects les plus excitants de la technologie vocale basée sur l'IA est sa capacité à franchir facilement les frontières. Vous pouvez prendre un script écrit en anglais et le générer en espagnol, en portugais, en hindi ou en mandarin en quelques minutes. Vous pouvez vendre des livres audio sur des marchés que vous n'avez jamais visités. Vous pouvez aider des clients à narrer du matériel de formation, des applications de méditation ou des podcasts dans leur langue maternelle. Vous ne construisez pas seulement une entreprise audio — vous construisez un empire audio mondial et multilingue.

À l'intérieur de ce livre, vous ne trouverez pas de remplissage ni de promesses exagérées. Vous trouverez des stratégies, des outils et des cas d'utilisation qui fonctionnent réellement. Que vous souhaitiez vendre des services de voix off, publier vos propres livres audio, lancer un podcast sans visage ou simplement expérimenter la transformation du texte en quelque chose de plus puissant — vous êtes au bon endroit.

Ce livre est divisé en chapitres qui vous guident pas à pas à travers les éléments les plus importants de ce parcours. Vous apprendrez à choisir les meilleurs outils, à structurer votre contenu, à fixer le prix et positionner vos services, à éviter les pièges juridiques et à commercialiser ce que vous créez — même si vous n'avez aucun abonné ni expérience. Chaque chapitre se termine par une histoire — des exemples concrets de personnes utilisant ces outils pour générer des revenus, de l'influence ou de la liberté. Vous verrez comment des personnes ordinaires — écrivains, freelances, retraités, étudiants — utilisent les voix d'IA pour changer leur vie.

L'avenir appartient aux créateurs qui adoptent tôt les nouveaux outils. Non pas parce que ces outils sont parfaits, mais parce que l'opportunité l'est. Avec l'IA, vous ne vous contentez pas d'externaliser votre voix — vous amplifiez votre message. Vous automatisez votre créativité. Vous récupérez votre temps. Et vous faites tout cela avec un coût minimal et un potentiel illimité.

Ce livre vous montrera comment commencer, comment évoluer et comment réussir dans le nouveau monde de l'audio alimenté par l'IA. Et lorsque vous aurez terminé, vous aurez tout ce dont vous avez besoin pour transformer vos mots en richesse — et votre voix en une entreprise qui parle pour vous dans le monde entier.

Alors préparez-vous. Car ce que vous êtes sur le point d'apprendre peut créer des revenus durables, une liberté à long terme et un impact dont la plupart des créateurs ne font que rêver. Et tout commence avec un simple script.

Chapitre 1 : Commencer avec les voix IA

L'industrie du livre audio connaît une croissance explosive, et la technologie des voix IA arrive au moment parfait. Si vous débutez, il est important de comprendre le potentiel révolutionnaire des voix générées par intelligence artificielle et la manière dont vous pouvez les utiliser pour transformer du texte en revenus. Que vous souhaitiez créer des livres audio, des voix off pour YouTube, des narrations pour des cours en ligne ou vendre des services sur des plateformes de freelance, vous avez désormais accès à des outils qui éliminent le besoin de microphones, de studios ou de talents vocaux. Ce chapitre vous guidera à travers les étapes fondamentales pour commencer votre aventure avec les voix IA et monétiser votre contenu, même si vous n'avez jamais narré quoi que ce soit auparavant.

Pour commencer, expliquons ce que sont réellement les voix IA. À la base, les outils de voix IA utilisent des moteurs avancés de synthèse vocale (Text-to-Speech ou TTS) alimentés par des algorithmes d'apprentissage profond. Ces moteurs analysent les modèles de la parole humaine et les reproduisent d'une manière de plus en plus difficile à distinguer d'une vraie voix. Les plateformes TTS les plus puissantes d'aujourd'hui peuvent simuler le ton, l'émotion, les pauses, le rythme et même les accents régionaux. Contrairement au ton robotique monotone des anciens systèmes vocaux comme Siri ou Alexa, les voix IA modernes peuvent lire un livre audio avec émotion, livrer une punchline avec un bon timing ou paraître suffisamment naturelles et conversationnelles pour animer un podcast entier.

Il existe une variété d'outils de voix IA sur le marché, mais certains se démarquent par leur réalisme, leur contrôle utilisateur, leur flexibilité de licence et leur facilité d'utilisation. L'un des outils les plus populaires est ElevenLabs, connu pour sa génération vocale extrêmement réaliste et son contrôle des émotions. Il permet aux utilisateurs de choisir parmi un large éventail de voix ou même de créer des voix personnalisées en téléchargeant des échantillons. Une autre excellente option est PlayHT, qui offre une interface rapide et intuitive et prend en charge plusieurs langues et accents. Cela le rend idéal pour des projets de narration internationaux ou du contenu qui doit paraître naturel dans différentes régions. Pour les créateurs qui préfèrent une expérience d'édition similaire à celle d'un podcast, Descript propose un outil appelé Overdub. Cet outil vous permet de générer une narration vocale et de modifier votre audio simplement en tapant du texte. Il vous permet également d'entraîner votre propre voix IA à partir d'échantillons de votre voix, vous offrant ainsi un contrôle créatif complet.

Une fois que vous avez choisi un outil de voix IA, il est temps de commencer à construire votre premier flux de travail. La clé est de rester simple au début. Commencez par un script de base — cela peut être un article de blog que vous avez écrit, un e-mail que vous avez envoyé ou une description de produit provenant de votre boutique en ligne. Copiez et collez le texte dans l'outil de voix IA de votre choix. Sélectionnez une voix et prévisualisez le rendu avec votre contenu. Si nécessaire, ajustez la ponctuation ou le formatage pour améliorer la livraison. De nombreux outils permettent d'ajouter des pauses, des inflexions ou même de spécifier des émotions telles que « enthousiaste », « calme » ou « dramatique ». Une fois que la voix sonne naturellement, générez le fichier audio au format MP3 ou WAV. Vous disposez maintenant d'une voix off professionnelle que vous pouvez utiliser dans une vidéo, un podcast ou un livre audio. Vous pouvez ensuite l'éditer dans un logiciel gratuit comme Audacity, ou utiliser Descript si vous préférez modifier le script plutôt que la forme d'onde.

Un excellent moyen de développer vos compétences et votre confiance est de pratiquer avec de courts contenus. Commencez par transformer un texte de 30 secondes à une minute en un extrait narré. Cela peut être une citation motivante, un court article de blog ou une introduction pour une vidéo YouTube. Ces petits tests vous aideront à vous familiariser avec les contrôles de l'outil, les types de voix et les bases du montage audio. Au fur et à mesure que vous gagnez de l'expérience, vous pourrez passer à des projets plus longs comme des épisodes complets de podcast, des narrations de pages de vente ou des chapitres de livres audio. Avec chaque nouveau projet, vous deviendrez meilleur dans le formatage des scripts, le choix de la voix et le flux de production.

Bien que les voix IA ouvrent d'énormes opportunités, vous devez également être conscient des règles. Tous les modèles de voix ne sont pas autorisés pour une utilisation commerciale, surtout si vous utilisez un plan gratuit. Certaines plateformes exigent une mise à niveau vers un plan payant pour utiliser les voix générées dans des livres audio ou des vidéos monétisées. De plus, si vous prévoyez de cloner la voix de quelqu'un — même la vôtre — pour un usage commercial, vous devez vous assurer d'avoir les droits légaux et les autorisations nécessaires. Des plateformes comme ElevenLabs et PlayHT disposent souvent de formulaires de consentement ou de directives d'utilisation éthique pour éviter les abus. Lisez toujours les licences et les conditions d'utilisation avant de publier ou de vendre du contenu vocal généré par IA.

Enfin, parlons de ce que cela peut devenir. Une fois que vous maîtrisez les outils, vous pouvez commencer à transformer votre contenu de voix off en véritables revenus. Vous pouvez publier des livres audio via Findaway Voices, ACX ou Spotify for Podcasters. Vous pouvez proposer des services de narration sur Fiverr et Upwork. Vous pouvez même utiliser votre propre voix IA pour créer du contenu de marque pour des chaînes YouTube ou des cours en ligne. La clé est de commencer par quelque chose de simple, de maîtriser le processus et d'élargir progressivement. En quelques semaines, ce qui était autrefois un simple document texte peut devenir une bibliothèque de produits audio rentables, tous narrés sans que vous mettiez jamais les pieds dans un studio.

Maintenant que vous comprenez comment commencer avec les voix IA, passons à une histoire réelle qui donne vie à tout cela.

Alex et la puissance d'ElevenLabs

Alex Martinez était assis sur le bord de son lit, fixant l'écran lumineux de son ordinateur portable. Il était 2 h 13 du matin, et il parcourait des sites d'offres de freelance, cherchant désespérément une activité secondaire. Son travail de jour comme agent de service client payait à peine les factures, et son rêve de devenir entrepreneur numérique semblait plus lointain que jamais. Juste au moment où il s'apprêtait à fermer son ordinateur par découragement, une publicité attira son attention : « Transformez du texte en audio. Aucune voix nécessaire. Commencez à vendre des livres audio et des voix off avec l'IA. » Sceptique mais intrigué, il cliqua.

La publicité le conduisit vers un tutoriel gratuit sur ElevenLabs. Il expliquait qu'avec seulement quelques clics, n'importe qui pouvait générer des voix off réalistes pour des livres audio, des cours ou des vidéos marketing — sans micro ni compétences d'acteur vocal. L'idée semblait trop belle pour être vraie, mais Alex avait toujours été écrivain. Si cela pouvait l'aider à transformer ses anciens articles de blog en livres audio ou en missions de narration, cela valait peut-être la peine d'essayer. Il s'inscrivit à l'essai gratuit, copia un passage d'un article qu'il avait écrit l'année précédente et le colla dans la zone de script. Il choisit une voix masculine américaine calme avec une touche de chaleur et appuya sur « Generate ».

Le résultat le stupéfia. La voix était expressive, presque humaine. Elle mettait l'accent sur certaines phrases, marquait des pauses naturelles et ressemblait à quelque chose que l'on entendrait sur Audible. Il réécouta, la chair de poule apparaissant sur ses bras. Il n'avait rien enregistré — seulement des mots écrits qui prenaient vie grâce à l'intelligence artificielle. En moins d'une heure, il avait créé un extrait narré de trois minutes qui semblait avoir été produit dans un studio professionnel.

Le lendemain, il téléchargea son extrait sur Fiverr et créa une nouvelle offre : « Je narrerai votre script avec une voix IA professionnelle. » Il fixa le prix à seulement 10 dollars, sans savoir si quelqu'un remarquerait son service. En 48 heures, il avait déjà trois commandes — et un client lui demanda s'il pouvait créer une version livre audio de son eBook. Alex paniqua. Il n'avait jamais créé de livre audio auparavant. Mais il se souvint que le tutoriel mentionnait Findaway Voices. Après quelques recherches rapides, il comprit qu'il pouvait générer des scripts plus longs dans ElevenLabs, les éditer dans Audacity et télécharger les chapitres terminés. Ce week-end-là, il livra sa première narration de livre audio. Le client laissa un avis cinq étoiles et un pourboire de 20 dollars.

Encouragé par ce succès initial, Alex créa un système. Chaque matin, il écrivait ou révisait des scripts. L'après-midi, il générait et montait l'audio. Le soir, il téléchargeait des extraits, répondait aux messages des clients et faisait la promotion de ses services. Il ajouta de nouvelles voix, apprit à ajuster le ton et le rythme, et expérimenta même la création d'un clone de sa propre voix pour lancer un podcast personnel. Peu de temps après, son profil Fiverr comptait plus de 50 avis, et il gagnait plus avec les voix off IA qu'avec son emploi à temps plein.

L'un de ses moments préférés arriva lorsqu'il narra un podcast de méditation pour un client en Australie. Le client lui écrivit :

« Je n'arrive pas à croire que ce soit de l'IA. Cela semble tellement réel. Mes auditeurs adorent. » Ce message déclencha quelque chose en lui. Ce n'était pas seulement une question d'argent. Il aidait les gens à raconter des histoires, à enseigner et à créer des connexions — grâce à la puissance de la technologie.

Six mois après cette nuit sans sommeil, Alex donna sa démission. Il ne cherchait plus des missions à deux heures du matin. Il avait construit un système qui transformait son écriture en audio, et cet audio en revenus. Et tout avait commencé avec une seule voix, un seul paragraphe et une seule décision : essayer.

Chapitre 2 : Choisir les bons outils de voix IA

Maintenant que vous comprenez le potentiel de la technologie des voix IA et comment commencer, il est temps de choisir les bons outils. Cette décision peut influencer la qualité, les options de licence, le flux de travail et la rentabilité finale de votre contenu audio. Que vous créiez des livres audio, des podcasts, des cours en ligne, des narrations pour YouTube ou des missions de voix off en freelance, sélectionner le bon outil de voix IA vous fera gagner du temps, améliorera la qualité de votre son et vous aidera à construire une source de revenus durable.

Le premier facteur à considérer est la qualité de la voix. Le réalisme de la voix générée est la différence la plus évidente entre les outils. Certains outils gratuits de synthèse vocale sonnent encore de manière robotique ou sans émotion. Vous devez rechercher des voix capables de transmettre le ton, l'émotion et un rythme conversationnel. Des plateformes comme ElevenLabs, PlayHT, LOVO AI et Descript offrent des voix presque humaines avec la possibilité d'ajuster la hauteur, le rythme, l'accentuation et l'émotion. Ce sont ces voix qui peuvent vendre un produit, maintenir l'attention et offrir des narrations longues sans paraître artificielles.

Deuxièmement, pensez à la compatibilité avec votre utilisation. Différents outils sont optimisés pour différents types de projets. Par exemple, Descript est idéal pour le podcasting et les voix off vidéo, car il vous permet de modifier l'audio simplement en modifiant le texte. Il peut même supprimer automatiquement les mots de remplissage, les bruits de fond et les pauses. ElevenLabs, en revanche, est excellent pour les livres audio longs ou les récits, grâce à son contrôle des émotions et à son rendu extrêmement réaliste. PlayHT est particulièrement adapté au contenu multilingue et aux projets rapides. Il propose plus de 800 voix dans plus de 130 langues et dialectes, ce qui le rend parfait pour un public international.

Les licences et les droits d'utilisation commerciale constituent le troisième facteur le plus important. Tous les outils ne permettent pas l'utilisation commerciale de leurs voix dans les versions gratuites ou basiques. Si vous prévoyez de publier vos livres audio sur Audible, de vendre des services de voix off sur Fiverr ou d'inclure des narrations IA dans des vidéos YouTube monétisées, vous devez vérifier la politique d'utilisation commerciale. Par exemple, les plans PlayHT Pro et ElevenLabs Creator offrent des licences libres de droits, mais uniquement lorsque vous utilisez un plan payant. Utiliser les versions gratuites pour un usage commercial peut entraîner des suppressions pour violation de droits d'auteur, voire des suspensions de compte sur certaines plateformes.

Ensuite, considérez la personnalisation et le clonage de voix. Certains outils, comme Murf.ai et ElevenLabs, permettent de télécharger des échantillons de votre propre voix et de la cloner grâce à l'IA. Cela signifie que vous pouvez générer votre propre narration de marque sans enregistrer chaque mot manuellement. C'est une option très puissante pour les entrepreneurs, les coachs, les éducateurs et les créateurs qui souhaitent maintenir une cohérence dans leur contenu — surtout si vous voulez être la voix de votre marque. Cependant, le clonage nécessite généralement un plan premium et une vérification des droits vocaux pour garantir une utilisation éthique.

L'intégration dans votre flux de travail est un autre facteur essentiel. Choisissez des outils qui s'intègrent facilement dans votre système de création de contenu existant. Par exemple, si vous utilisez Canva, Premiere Pro ou Final Cut, vérifiez si la plateforme de voix IA permet des exportations audio simples ou propose des plugins. Si vous produisez du contenu long comme des formations en ligne ou des livres audio, recherchez des fonctionnalités comme le traitement par lots, l'exportation par chapitres ou la génération audio en masse. Des outils comme Speechelo et Synthesys offrent des exportations simples pour l'intégration vidéo, tandis que Descript propose des timelines et un montage multipiste pour des productions plus professionnelles.

Le prix est le dernier facteur — mais souvent le plus décisif. La plupart des plateformes utilisent un modèle freemium, avec des voix basiques ou un nombre limité de caractères gratuits, tandis que l'usage professionnel nécessite un abonnement. Les plans d'entrée de gamme peuvent varier entre 9 et 29 dollars par mois, tandis que les plans avancés peuvent atteindre 99 dollars ou plus. Avant de vous abonner, il est conseillé de tester plusieurs plateformes et de comparer les résultats. Une petite différence de qualité ou d'expérience utilisateur peut faire toute la différence lorsque vous devez livrer un audio professionnel à un client ou produire une narration captivante.

En résumé, lorsque vous choisissez vos outils de voix IA, posez-vous les questions suivantes : ai-je besoin d'une narration émotionnelle ? Est-ce que je crée des vidéos courtes ou des livres audio longs ? Ai-je besoin de voix dans différentes langues ? Vais-je publier ou vendre ce contenu commercialement ? Est-ce que je veux cloner ma voix ? Et cet outil s'intègre-t-il facilement dans mon système de création de contenu ? Les réponses à ces questions vous guideront vers la bonne plateforme.

Dans le prochain chapitre, nous verrons comment utiliser concrètement l'outil de voix IA que vous avez choisi — depuis l'écriture du script jusqu'à la génération et l'édition du produit audio final. Mais d'abord, suivons l'histoire de quelqu'un qui a testé plusieurs outils, commis des erreurs et trouvé la voix parfaite pour construire une marque audio rentable.

Sans micro, sans studio

Jasmine Patel avait toujours rêvé de devenir conteuse. Ses journaux étaient remplis de nouvelles, de poèmes et de fragments de romans qu'elle n'avait jamais osé publier. Mais la vie s'en était mêlée — comme c'est souvent le cas. Entre la gestion d'une petite librairie, l'éducation de ses deux enfants et les factures à payer, son travail créatif restait enfermé dans des dossiers sur son ordinateur portable. Jusqu'à un mardi soir où elle tomba sur une discussion Reddit intitulée : « J'ai transformé ma nouvelle en livre audio avec l'IA — sans micro, sans studio. » Curieuse mais sceptique, Jasmine cliqua.

La publication contenait un extrait audio créé avec ElevenLabs. Jasmine appuya sur lecture. Une voix apaisante et expressive racontait un paragraphe sur un monde post-apocalyptique avec une clarté et une émotion telles qu'elle se pencha vers l'écran. « Impossible », murmura-t-elle. « C'est de l'IA ? » Elle resta éveillée jusqu'à minuit à rechercher des outils de voix IA. Le lendemain, après avoir couché ses enfants, elle décida de les tester.

Elle commença par un outil web gratuit promettant une narration réaliste. Le résultat était robotique et creux — clairement pas ce qu'elle recherchait. Elle s'inscrivit ensuite sur PlayHT. La variété des voix et des langues était impressionnante, et elle fut surprise par la rapidité de génération de l'audio. Mais lorsqu'elle testa une histoire avec des retournements émotionnels, la voix semblait trop plate. Cela ressemblait plus à un traducteur qu'à un conteur. Pas mal pour des narrations rapides, pensa-t-elle, mais peut-être pas le bon choix.

Ensuite, elle créa un compte d'essai sur ElevenLabs. Elle colla quelques lignes d'une de ses histoires préférées et choisit une voix intitulée « Female — Calm & Expressive ». Lorsqu'elle appuya sur générer et écouta le résultat, son cœur s'arrêta un instant. Les pauses étaient naturelles. L'émotion du personnage transparaissait. La dernière phrase de son histoire lui donna des frissons — et c'était elle qui l'avait écrite. « Voilà », murmura-t-elle. Elle savait que c'était la voix capable de donner vie à ses personnages.

Au cours des nuits suivantes, elle testa différentes voix pour différentes histoires. Une voix masculine profonde pour les thrillers. Une voix légère et jeune pour les contes pour enfants. Elle expérimenta même la création d'un clone de sa propre voix en utilisant des échantillons enregistrés avec son téléphone. Entendre sa propre voix narrer une histoire sans qu'elle parle réellement était presque irréel. Avec chaque outil, elle prenait des notes : PlayHT pour les histoires internationales, Descript pour son idée de podcast, ElevenLabs pour la fiction.

Mais ce n'était pas seulement une question d'outils — c'était une question de possibilités. Jasmine réalisa qu'elle n'avait pas besoin de convaincre des éditeurs ni de louer un studio. Elle pouvait narrer, monter et publier depuis son salon. Et c'est exactement ce qu'elle fit. Elle publia son premier livre audio narré par IA sur Findaway Voices. Puis un autre. Puis un podcast de fiction en série avec des acteurs vocaux générés par IA. Elle se présenta comme « une conteuse nouvelle génération propulsée par l'IA ».

Six mois plus tard, ses livres comptaient des milliers d'écoutes. Une petite communauté de fans se forma autour de ses histoires fantastiques, certains lui écrivant même des messages. Un auditeur d'Allemagne lui écrivit : « Vos histoires m'ont aidé à traverser une période difficile. Les voix semblent tellement réelles. » Jasmine pleura en lisant ce message. Ce qui avait commencé par une simple discussion Reddit était devenu une carrière — non pas parce qu'elle avait le meilleur équipement, mais parce qu'elle avait trouvé le bon outil et eu le courage d'essayer.

Chapitre 3 : Créer des livres audio étape par étape

Créer un livre audio avec l'IA peut sembler être un défi technique, mais en réalité, le processus a été tellement simplifié que toute personne disposant d'un ordinateur et d'un accès à Internet peut le faire. Dans ce chapitre, nous allons parcourir l'ensemble du processus étape par étape pour produire votre propre livre audio — de la préparation du script à la génération de la voix, au montage, au mastering et à la publication. Que vous adaptiez votre propre livre ou que vous narriez le contenu de quelqu'un d'autre en tant que service, ce processus vous aidera à transformer un texte simple en un produit audio professionnel que vous pourrez monétiser ou distribuer sur des plateformes comme Findaway Voices, Audible ou votre propre site web.

La première étape consiste à préparer le script. Si vous avez déjà écrit un livre ou un eBook, cette étape est simple. Cependant, il est essentiel de revoir et de formater votre texte pour l'audio. Le texte écrit ne se traduit pas toujours bien lorsqu'il est lu à voix haute. Les longs paragraphes, la ponctuation complexe et un langage trop formel peuvent sembler maladroits en format audio. Divisez votre contenu en phrases courtes et naturelles. Ajoutez des pauses lorsque c'est nécessaire, utilisez des transitions claires et ajustez la grammaire pour correspondre au rythme de la parole. L'objectif est que l'auditeur ait l'impression qu'on lui parle — et non qu'il lit un manuel.

Ensuite vient la sélection de la voix et la narration à l'aide de votre outil de voix IA. Choisissez une voix qui correspond au ton et au public de votre livre audio. Pour la fiction, privilégiez une voix avec une bonne gamme émotionnelle. Pour la non-fiction, optez pour la clarté, la confiance et la chaleur. La plupart des plateformes vous permettent de prévisualiser plusieurs voix avec un extrait de script avant de faire votre choix. Si vous travaillez sur une œuvre de fiction avec plusieurs personnages, vous pouvez utiliser différentes voix pour chacun d'eux. Des outils comme ElevenLabs et Murf AI prennent en charge l'utilisation de plusieurs voix dans un même fichier audio. Il suffit de coller votre script, d'attribuer les voix aux différentes sections ou personnages et d'ajuster l'émotion ou le rythme selon vos besoins.

Une fois les paramètres vocaux finalisés, divisez votre livre en sections gérables. Il est préférable de générer l'audio par chapitres ou sous-chapitres afin d'éviter les fichiers trop volumineux et de faciliter le montage. Générez chaque section individuellement et écoutez attentivement pour détecter les problèmes de prononciation, les pauses maladroites ou les artefacts audio. Si nécessaire, ajustez la ponctuation dans votre script ou ajoutez des virgules, des points ou des points de suspension pour créer des pauses plus naturelles. Lorsque la narration vous semble correcte, exportez-la au format MP3 ou WAV.

L'étape suivante est le montage et le mastering. C'est ici que vous nettoyez l'audio brut afin d'obtenir une qualité professionnelle. Si vous utilisez Descript, vous pouvez éditer directement en modifiant le texte et en supprimant les mots de remplissage ou les phrases répétées. Pour un montage audio plus précis, vous pouvez utiliser Audacity (gratuit) ou Adobe Audition (payant). Supprimez les bruits de fond si nécessaire, équilibrez le volume entre les chapitres et ajoutez une légère compression pour rendre le son plus plein et plus fluide. Assurez-vous que tous les chapitres sont normalisés au même niveau sonore, généralement autour de -18 à -20 LUFS pour les livres audio. Cela évite les variations de volume entre les chapitres.

Une fois le montage terminé, organisez vos chapitres dans un dossier numéroté et créez les métadonnées pour chaque fichier : titre du chapitre, titre du livre, auteur, narrateur et numéro du fichier. Ces informations sont importantes lors du téléchargement sur des distributeurs de livres audio comme Findaway Voices ou ACX. Vous aurez également besoin d'une couverture carrée (2400 × 2400 pixels), d'une courte description, d'une biographie de l'auteur et du narrateur, ainsi que d'une confirmation des droits de propriété. Si vous publiez sous votre nom, vous devrez confirmer que vous possédez tous les droits sur le contenu et les voix générées ou que vous avez l'autorisation de les utiliser commercialement.

La dernière étape consiste à télécharger et publier votre livre audio. Des plateformes comme Findaway Voices vous permettent de téléverser tous vos chapitres, d'ajouter les métadonnées et de choisir les partenaires de distribution — notamment Audible, Spotify, Apple Books et d'autres. Vous fixerez un prix de vente, choisirez vos paramètres de redevances et déterminerez dans quelles boutiques votre livre audio sera disponible. L'approbation prend généralement entre cinq et dix jours ouvrables. Une fois publié, vous pouvez commencer à promouvoir votre livre audio sur les réseaux sociaux, via des newsletters ou avec des publicités payantes. Vous gagnerez des redevances pour chaque vente, souvent entre 40 % et 50 % selon le distributeur.

Créer des livres audio avec l'IA n'est pas seulement une utilisation intéressante de la technologie — c'est aussi une véritable opportunité commerciale. Avec les bons outils et un flux de travail efficace, vous pouvez transformer n'importe quel livre, blog ou article en produit générant des revenus passifs pendant des années. Dans le prochain chapitre, nous verrons comment proposer des services de voix off à des clients — mais d'abord, rencontrons quelqu'un qui a transformé son ancien blog en livre audio à succès grâce à l'IA et à sa détermination.

L'histoire de Rebecca

Rebecca Lin n'avait pas touché à son blog depuis presque trois ans. Autrefois un rituel hebdomadaire rempli de passion et de sens, son blog avait peu à peu disparu dans l'arrière-plan de sa vie occupée de responsable marketing. Mais lorsque son entreprise réduisit ses effectifs pendant un ralentissement économique, Rebecca se retrouva sans emploi, fixant le curseur clignotant dans la barre de recherche Google. Elle tapa : « comment gagner de l'argent avec du contenu que vous avez déjà ». Parmi les résultats figurait une vidéo intitulée : « Transformez vos anciens blogs en livres audio avec l'IA ». Cela semblait étrangement spécifique — et étrangement parfait.

Intriguée, Rebecca ouvrit les archives de son blog. Des dizaines d'articles longs sur le développement personnel, la pleine conscience et la formation d'habitudes. Elle avait mis toute son âme dans ces textes. Pouvaient-ils vraiment devenir quelque chose de plus ? Elle copia son article le plus populaire, le retravailla pour l'audio et ouvrit ElevenLabs. Après avoir testé quelques voix, elle en choisit une avec un ton calme et posé qui semblait être le narrateur idéal pour un livre de développement personnel. Elle colla le texte et appuya sur « Generate ».

La voix semblait presque trop réelle. C'était comme si quelqu'un d'autre lisait ses mots — quelqu'un avec confiance, clarté et chaleur. Cela rendait son écriture encore meilleure qu'elle ne s'en souvenait. Elle divisa l'article en trois parties et généra chacune comme un fichier séparé. Puis elle téléchargea Audacity, regarda un tutoriel de dix minutes sur YouTube et assembla les fichiers. Le résultat final devint le premier chapitre de son livre audio.

Motivée, elle décida de transformer dix de ses meilleurs articles en un livre audio complet. Elle créa un court script d'introduction, le généra avec ElevenLabs et enregistra son propre nom comme auteur et narratrice à l'aide de son téléphone. Après avoir compilé et monté chaque chapitre, elle suivit une liste simple : éditer l'audio, équilibrer les niveaux, exporter les fichiers, ajouter les métadonnées et téléverser. Elle conçut une couverture carrée minimaliste sur Canva, écrivit une description sincère et téléchargea le tout sur Findaway Voices.

Une semaine plus tard, son livre audio était en ligne – disponible sur Spotify, Audible et d'autres plateformes. Elle publia le lien sur son ancien blog, le partagea sur les réseaux sociaux et l'envoya à sa petite liste d'abonnés. À sa grande surprise, elle vendit 22 exemplaires en deux jours. Ce n'était pas énorme, mais c'était suffisant pour rendre la chose réelle. La semaine suivante, elle en vendit 40. Les avis commencèrent à apparaître : « Voix apaisante et conseils utiles », « Écouté en conduisant au travail – j'ai adoré ». C'était une validation qu'elle n'attendait pas.

Rebecca commença à voir son ancien contenu sous un nouveau jour. Elle réutilisa d'autres articles, les regroupa par thème et publia un Volume 2 en moins d'un mois. À la fin du trimestre, elle avait publié quatre livres audio, chacun générant quelques centaines de dollars par mois. Ce n'était pas une fortune, mais c'était constant, passif et en croissance. Et surtout, cela lui offrait un exutoire créatif et une source de revenus pendant une période d'incertitude.

Ce qui la frappa le plus fut la prise de conscience que la barrière à l'entrée avait disparu. Pas de studio. Pas de formation vocale. Pas d'équipe. Juste ses mots et les bons outils d'IA. Ce qui était autrefois un blog dormant était devenu une série de livres audio sur le développement personnel – et les gens les écoutaient.

Un soir, elle reçut un e-mail d'un auditeur au Canada : « Merci de partager vos mots. J'ai trouvé votre livre au moment parfait. » Rebecca sourit et ferma son ordinateur portable. Elle ne faisait pas que créer des livres audio. Elle créait des connexions, inspirait les gens et construisait quelque chose de plus grand — depuis chez elle, un chapitre à la fois.

Chapitre 4 : Vendre des services de voix IA en tant que freelance

Maintenant que vous avez appris à générer des voix off et des livres audio de haute qualité à l'aide de l'IA, il est temps de transformer ces compétences en revenus. Le freelancing avec des outils de voix IA est l'un des moyens les plus rapides et les moins coûteux de commencer à gagner de l'argent en ligne. Vous n'avez pas besoin de parler dans un micro, de réserver un studio ou d'avoir des années d'expérience en doublage. Avec un bon positionnement, des échantillons de portfolio et les bonnes plateformes, vous pouvez commencer à proposer des services de voix IA dès aujourd'hui et trouver des clients dès cette semaine. Ce chapitre vous expliquera tout ce que vous devez savoir pour vendre des voix off comme service – y compris les plateformes, les prix, les profils, les systèmes de livraison et les stratégies pour évoluer.

Commencez par choisir votre niche. Bien que les voix IA soient très polyvalentes, vous aurez plus de succès si vous vous spécialisez dans un type spécifique de service vocal. Les niches populaires incluent les voix off pour YouTube, les intros de podcast, les scripts de méditation, la narration de livres audio, les voix off pour vidéos explicatives, la narration de cours en ligne, les systèmes de messagerie vocale et les publicités radio.

Réfléchissez au ton, au style et au public que vous souhaitez servir. Offrez-vous des voix calmes et relaxantes ? Professionnelles et corporatives ? Énergiques et dynamiques ? Votre niche déterminera la façon dont vous commercialisez vos services et les types d'échantillons vocaux que vous créez.

Une fois votre niche choisie, vous devez créer un portfolio d'exemples. Même si vous n'avez jamais eu de véritable client, vous pouvez créer des projets fictifs pour démontrer vos compétences. Par exemple, vous pouvez narrer un court script publicitaire, une citation motivante, un extrait de nouvelle ou une introduction de cours. Utilisez votre outil de voix IA pour générer un audio propre et professionnel, puis regroupez ces extraits dans un portfolio simple. Vous pouvez télécharger les fichiers sur SoundCloud, Google Drive ou les intégrer directement dans vos profils de freelance. Trois à cinq extraits vocaux, d'une durée de 30 à 90 secondes chacun, suffisent généralement pour commencer.

Ensuite, créez vos profils de freelance. Les meilleures plateformes pour vendre des services de voix IA sont Fiverr, Upwork, Freelancer.com et PeoplePerHour. Fiverr est idéal pour les débutants car il est facile d'y classer ses services avec un prix de départ bas. Upwork propose des clients à plus forte valeur et des contrats à long terme, mais nécessite des propositions solides. Sur Fiverr, créez un titre de service comme : « Je vais créer des voix off professionnelles avec IA pour vos vidéos et livres audio ». Ajoutez des mots-clés pertinents comme « voiceover », « audiobook », « narration » et « AI voice ». Téléchargez vos échantillons, rédigez une description convaincante et proposez des forfaits basique, standard et premium basés sur le nombre de mots ou la vitesse de livraison.

La tarification de vos services dépend de votre niveau d'expérience et de vos clients cibles. Un bon point de départ est de facturer entre 10 et 20 dollars pour 100 mots, entre 30 et 50 dollars pour 500 mots et 75 à 100 dollars ou plus pour des scripts plus longs ou une utilisation commerciale. Proposez une livraison rapide moyennant un supplément, incluez des révisions comme bonus et ajoutez des options supplémentaires comme de la musique de fond ou la correction du script. Gardez une communication professionnelle, respectez les délais et dépassez toujours les attentes — c'est ainsi que vous obtenez des clients récurrents et des avis cinq étoiles.

Au fur et à mesure que votre activité se développe, vous pouvez commencer à la faire évoluer en créant des systèmes. Générez des voix off en lot pour plusieurs clients en utilisant vos modèles et paramètres vocaux enregistrés. Utilisez des feuilles de calcul ou un CRM gratuit pour suivre les commandes, les délais et les révisions. Créez des modèles répétables pour les réponses aux clients, les messages de livraison et les propositions. Lorsque les commandes augmentent, envisagez d'externaliser le formatage des scripts ou le montage audio afin de vous concentrer sur les ventes et la gestion des clients.

La promotion est un autre moyen de croître rapidement. Partagez vos services Fiverr sur les réseaux sociaux, YouTube, LinkedIn ou dans des forums de créateurs de contenu. Créez des vidéos TikTok montrant vos démonstrations de voix IA et les coulisses de votre processus. Contactez des créateurs de contenu sur YouTube ou des formateurs en ligne et proposez de narrer leur contenu gratuitement en échange d'un témoignage. Vous serez surpris de voir combien de créateurs aimeraient une voix professionnelle sans avoir à l'enregistrer eux-mêmes.

Le freelancing avec des voix IA ne consiste pas seulement à gagner de l'argent — c'est aussi une porte d'entrée vers des opportunités plus grandes. À mesure que vous développez votre clientèle, vous pouvez évoluer vers la production de livres audio, la création d'applications vocales ou même la licence de contenu narré par IA. La demande pour la voix est partout — et avec l'IA, vous n'êtes jamais limité par vos propres cordes vocales.

Rencontrons maintenant quelqu'un qui est passé d'étudiant sans emploi à freelance à plein temps dans les voix IA avec seulement un ordinateur portable, des outils gratuits et un service Fiverr.

Les voix off IA avec Daniel

Daniel Cruz était un étudiant de 21 ans ayant abandonné l'université, avec un ordinateur portable, aucun emploi et un compte bancaire presque vide. Il avait toujours été à l'aise avec la technologie, mais après avoir quitté l'université à cause des frais de scolarité, il se sentait perdu. Il ne voulait pas d'un emploi classique de 9 h à 17 h. Il voulait construire quelque chose en ligne — quelque chose qui lui donnerait le contrôle sur son temps et ses revenus. Un jour, en parcourant YouTube à la recherche d'idées de revenus en ligne, il tomba sur une vidéo intitulée : « Gagnez 100 $ par jour avec les voix off IA sur Fiverr ». La personne dans la vidéo expliquait qu'elle utilisait un outil d'IA pour générer des voix off et les vendait comme services freelance. Daniel n'avait jamais pensé vendre des voix off, mais il décida d'essayer.

Cet après-midi-là, il s'inscrivit sur ElevenLabs et créa un compte Fiverr gratuit. Il écrivit un court script pour une fausse publicité — une citation motivante accompagnée d'une musique dynamique. Il testa différentes voix, ajusta les paramètres d'émotion et généra l'audio. Le résultat était étonnamment bon. Il téléchargea l'extrait comme échantillon et publia un service : « Je créerai des voix off professionnelles avec IA pour votre chaîne YouTube ou votre livre audio ». Il fixa son prix de base à 15 dollars avec une livraison en 24 heures.

Trois jours passèrent sans activité. Puis une notification apparut : « Vous avez une nouvelle commande ». Un YouTuber voulait une intro vidéo de 60 secondes narrée. Daniel se mit au travail. Il demanda le script, choisit une voix claire et amicale, généra l'audio et utilisa Audacity pour nettoyer le fichier. Il livra la commande en six heures. L'acheteur laissa un avis cinq étoiles. Cet avis entraîna trois nouvelles commandes. Puis cinq. Puis dix.

En un mois, Daniel avait terminé 40 commandes. Il créa de nouveaux services pour la narration de livres audio, les intros de podcast et les voix off de méditation. Il ajouta des options supplémentaires : livraison rapide, droits commerciaux, musique de fond. Il réinvestit l'argent pour passer au plan payant d'ElevenLabs et acheta un casque ainsi qu'un outil de montage simple. Chaque soir, il générait des voix off en lots, éditait les fichiers, les livrait aux clients et répondait aux messages.

Il commença à recevoir des clients réguliers. Un coach de méditation à Bali. Une chaîne YouTube sur la finance. Une auteure qui avait besoin de quelqu'un pour narrer ses quatre livres. Daniel réalisa que pendant que d'autres avaient du mal à percer dans le freelancing, lui avait trouvé une niche parfaite — un service très demandé, peu concurrentiel et qui ne nécessitait même pas sa propre voix.

Un jour, un client lui demanda : « Proposez-vous aussi des voix off multilingues ? » Daniel fit quelques recherches et ajouta PlayHT à ses outils. Désormais, il pouvait proposer des voix en espagnol, portugais et français. Cela ouvrit de nouveaux marchés internationaux. Son revenu doubla. Il gagnait maintenant environ 3 000 dollars par mois — plus que n'importe quel emploi qu'il avait eu auparavant. Et tout avait commencé avec un outil d'IA gratuit et une voix qui n'était même pas la sienne.

Daniel finit par constituer une petite équipe de freelances pour gérer le montage et la mise en forme des scripts. Il se concentra sur la croissance — construire des relations, créer des systèmes et promouvoir ses services. Il lança même une chaîne YouTube pour enseigner aux autres comment démarrer leur propre activité secondaire de voix off avec l'IA. Il n'était plus simplement freelance. Il dirigeait désormais une agence numérique propulsée par l'IA.

En repensant à son parcours, Daniel disait souvent : « Je n'aurais jamais pensé être payé pour ne rien dire. » Mais la vérité est qu'il disait beaucoup — grâce à la technologie, à la créativité et à la persévérance. Et avec chaque voix off qu'il livrait, il prouvait que la voix du futur n'a pas besoin de venir de votre gorge — seulement de votre vision.

Chapitre 5 : Monétiser des podcasts, des cours et YouTube avec des voix IA

Au-delà des livres audio et des services freelance, l'une des utilisations les plus lucratives de la technologie vocale basée sur l'IA consiste à créer et monétiser votre propre contenu – en particulier des podcasts, des cours en ligne et des vidéos YouTube. Chacune de ces plateformes offre des opportunités évolutives et répétables pour générer des revenus passifs ou récurrents grâce à du contenu basé sur la voix. Vous n'avez plus besoin d'un studio haut de gamme ni d'équipement coûteux pour construire une marque et une source de revenus. Avec l'IA, tout ce dont vous avez besoin est un script, la bonne voix et une stratégie de monétisation. Ce chapitre vous montrera comment transformer la narration IA en contenu qui continue de vous rapporter de l'argent longtemps après sa publication.

Commençons par les podcasts. Les podcasts ont explosé en popularité, et de plus en plus de créateurs se lancent chaque jour. Avec les outils de voix IA, vous pouvez désormais lancer un podcast solo dans n'importe quelle niche – même si vous n'aimez pas le son de votre propre voix ou si vous ne voulez pas vous enregistrer. Choisissez un sujet de podcast qui vous passionne ou que vous connaissez bien. Il peut s'agir de développement personnel, d'entrepreneuriat, de storytelling, de finance, de relations ou même d'outils d'intelligence artificielle. Écrivez des scripts courts de 5 à 10 minutes pour chaque épisode. Utilisez une voix IA cohérente pour créer une familiarité avec les auditeurs et générez vos épisodes chaque semaine ou en lots.

Une fois vos fichiers audio prêts, vous pouvez publier votre podcast via des plateformes comme Spotify for Podcasters, Buzzsprout, Podbean ou Anchor. Ces plateformes distribuent votre podcast sur les grandes plateformes comme Spotify, Apple Podcasts et Google Podcasts. La monétisation peut provenir de segments sponsorisés, de liens affiliés dans les notes d'épisode, de dons des auditeurs via des plateformes comme Buy Me a Coffee, ou encore de vos propres produits et services numériques. Au fur et à mesure que votre podcast se développe, votre voix IA devient l'« hôte » constant et fiable de l'émission, et vos revenus augmentent à chaque épisode publié.

Passons maintenant aux cours en ligne. L'e-learning est une industrie en pleine croissance valant des milliards de dollars chaque année, et de nombreux créateurs gagnent des revenus importants en enseignant ce qu'ils savent. Grâce aux voix IA, vous pouvez désormais créer des leçons narrées de haute qualité sans jamais vous enregistrer. Choisissez un sujet de cours — quelque chose que vous maîtrisez ou que vous êtes prêt à étudier. Divisez le sujet en courtes leçons ou modules, chacun avec un objectif d'apprentissage précis. Écrivez les scripts de chaque leçon, utilisez des voix IA pour les narrer et associez-les à des diapositives créées dans Canva ou PowerPoint. Exportez les diapositives et la narration sous forme de vidéo en utilisant des outils gratuits comme Pictory, Synthesia ou Lumen5.

Une fois vos vidéos prêtes, téléchargez-les sur des plateformes comme Udemy, Teachable, Thinkific ou Skool. Vous pouvez également vendre vos cours directement via Gumroad ou Podia. Ces plateformes permettent de fixer des prix allant de 10 à plus de 500 dollars selon la valeur du cours et votre public. Ajoutez des quiz générés par IA ou des résumés pour augmenter l'engagement. L'objectif est d'automatiser et de standardiser votre contenu afin que votre cours fonctionne en pilote automatique pendant que vous accumulez avis et revenus au fil du temps.

Parlons maintenant de YouTube, l'une des plateformes les plus puissantes pour construire une marque et générer des revenus passifs. En utilisant des voix IA, vous pouvez créer des vidéos YouTube « sans visage » qui génèrent des revenus publicitaires, des commissions d'affiliation et font la promotion de vos produits. Commencez par choisir une niche de contenu comme la productivité, les outils d'IA, la finance, le storytelling ou les listes « top 10 ». Écrivez des scripts courts pour des vidéos de 3 à 10 minutes. Utilisez des outils de voix IA comme ElevenLabs, PlayHT ou Murf AI pour narrer les scripts. Ajoutez des visuels avec des outils comme Pictory, InVideo, CapCut ou Canva Pro. Ces outils vous permettent de glisser-déposer des séquences vidéo, des animations et du texte animé synchronisé avec votre narration.

Une fois vos vidéos terminées, publiez régulièrement et optimisez-les pour la recherche. Utilisez des titres puissants, des miniatures à fort taux de clic et des descriptions riches en mots-clés. La monétisation provient de YouTube AdSense (une fois que vous atteignez 1 000 abonnés et 4 000 heures de visionnage), mais aussi de liens d'affiliation dans vos descriptions. Vous pouvez promouvoir des produits, des services ou même vos propres livres audio ou cours. Vous pouvez également créer des abonnements payants ou proposer des téléchargements numériques via des plateformes comme Ko-fi ou Patreon.

Ce qui rend le contenu avec voix IA puissant sur ces trois plateformes — podcasting, cours et YouTube — c'est sa capacité à évoluer. Vous pouvez produire du contenu plus rapidement que jamais, expérimenter différents formats et construire plusieurs sources de revenus sans vous épuiser.

Commencez par un épisode, une leçon ou une vidéo par semaine. Concentrez-vous sur la qualité et la clarté. Laissez l'IA parler pendant que vous gérez la stratégie et la monétisation.

Suivons maintenant l'histoire d'une créatrice qui a commencé avec zéro abonné et aucune caméra, mais qui a utilisé des outils de voix IA pour créer trois sources de revenus basées sur le contenu — tout en restant totalement anonyme.

L'histoire de Chloe

Chloe Nguyen n'avait jamais aimé être devant une caméra. Elle n'était pas vraiment timide — elle tenait simplement à sa vie privée. Alors que ses amis réalisaient des TikTok et des Reels, Chloe préférait écrire. Pourtant, elle rêvait de construire quelque chose en ligne — quelque chose de passif, évolutif et significatif. Elle avait essayé le blogging et le marketing d'affiliation avec peu de succès. Puis un jour, en recherchant des idées de revenus en ligne, elle tomba sur une chaîne YouTube appelée « Faceless Creators ». Elle présentait des créateurs utilisant des voix IA pour produire du contenu générant de vrais revenus. Ce soir-là, Chloe décida d'essayer.

Elle commença par le podcasting. Chloe avait toujours aimé parler de santé mentale et de pleine conscience. Elle écrivit un script de 500 mots intitulé « Surmonter le dialogue intérieur négatif » et utilisa ElevenLabs pour générer une voix féminine calme et chaleureuse pour la narration. C'était parfait — intime, douce et professionnelle. Elle ajouta une musique d'ambiance légère, exporta le fichier MP3 et publia son premier épisode sur Spotify via Anchor. Pas de photo, pas de visage, seulement ses mots et une voix numérique. Elle partagea l'épisode dans quelques groupes Facebook. À sa surprise, elle reçut plusieurs messages de remerciement. Une femme écrivit : « Votre voix ressemble à une étreinte. » Chloe sourit — la voix n'était pas la sienne, mais les mots l'étaient.

Encouragée, elle créa un deuxième épisode. Puis un troisième. Après quelques semaines, elle avait un petit public qui grandissait. Elle ajouta un lien Ko-fi pour accepter des dons. Des auditeurs commencèrent à contribuer. Puis quelqu'un demanda : « Avez-vous un cours sur ce sujet ? » Cela déclencha une nouvelle idée. Chloe prit ses meilleurs épisodes de podcast et les transforma en un cours intitulé « Reprogrammez votre mentalité en 10 jours ». Elle écrivit les scripts, utilisa des voix IA pour narrer chaque leçon et créa des diapositives dans Canva. Elle publia le cours sur Gumroad au prix de 29 dollars.

Les ventes commencèrent lentement. Cinq la première semaine. Puis dix. Puis quelqu'un le partagea dans un groupe communautaire et les ventes augmentèrent soudainement.

Chloe ajouta une méditation guidée en bonus — également narrée avec une voix IA — et augmenta le prix à 49 dollars. Elle avait gagné plus d'argent avec ce cours en deux semaines qu'en six mois de blogging. Le meilleur dans tout ça ? Aucun équipement d'enregistrement, aucun tournage vidéo et aucune apparition devant la caméra.

Mais Chloe ne s'arrêta pas là. Elle utilisa le même contenu pour créer une chaîne YouTube. Avec Pictory, elle transforma chaque script en courte vidéo avec des images de stock et une narration IA. Elle publia chaque semaine : contenu motivationnel, conseils de santé mentale et méditations visuelles apaisantes. Elle optimisa les titres, créa des miniatures sur Canva et partagea chaque vidéo dans des forums spécialisés. Lentement mais sûrement, le nombre d'abonnés augmenta. Après six mois, elle atteignit 1 000 abonnés et 4 000 heures de visionnage — suffisamment pour activer la monétisation YouTube.

Aujourd'hui, Chloe gagne des revenus passifs grâce à ces trois plateformes. Son podcast lui apporte des dons et construit son audience. Son cours se vend automatiquement via Gumroad et des promotions d'affiliation. Sa chaîne YouTube génère des revenus publicitaires et des commissions d'affiliation pour des outils de journaling et des livres de développement personnel. Tout cela, construit autour de ses mots et d'une voix IA.

Elle n'a toujours pas montré son visage. Mais sa voix numérique — cette narratrice IA apaisante qu'elle a personnalisée et adoptée — est reconnue par des milliers d'abonnés dans le monde entier. Chloe a prouvé qu'à l'ère de l'IA, il n'est pas nécessaire d'être bruyant, spectaculaire ou célèbre pour créer quelque chose d'impactant. Il suffit d'avoir un message qui mérite d'être partagé — et les bons outils pour lui donner une voix.

Chapitre 6 : Construire un système de revenus passifs avec du contenu vocal

Maintenant que vous avez créé du contenu avec des voix IA et appris à le monétiser sur plusieurs plateformes, il est temps d'assembler tous les éléments pour créer un système de revenus passifs. Un système de revenus passifs est un ensemble de processus automatisés ou semi-automatisés qui continuent de générer des revenus avec un effort quotidien minimal. Au lieu de toujours chercher des clients ou des missions ponctuelles, cette approche vous permet de créer une fois et de gagner continuellement grâce à des produits numériques alimentés par la narration IA. Dans ce chapitre, nous allons voir comment mettre en place votre machine de revenus passifs en utilisant votre contenu vocal sur plusieurs plateformes.

La base de tout système passif consiste à exploiter un seul contenu sur plusieurs sources de revenus. Supposons que vous ayez écrit un guide de 10 pages sur la productivité. Vous pouvez le narrer avec une voix IA et le publier comme livre audio sur Findaway Voices. Ensuite, vous pouvez diviser ce même script en cinq épisodes de podcast avec Spotify for Podcasters. Puis transformer ce contenu en mini-cours en ligne sur Gumroad. Enfin, convertir chaque section en une courte vidéo sans visage pour YouTube. À partir d'un seul script, vous disposez maintenant de quatre contenus sur quatre plateformes monétisées — tous créés grâce à la génération vocale par IA et à des outils gratuits ou peu coûteux.

Le deuxième élément consiste à automatiser la création et la distribution du contenu. Utilisez des outils d'IA pour réduire le temps passé à écrire, éditer et publier. Pour la rédaction, des outils comme ChatGPT, Jasper ou Claude peuvent vous aider à créer rapidement des plans, des articles de blog ou des scripts de leçons. Utilisez des outils de voix IA comme ElevenLabs pour générer l'audio et des plateformes de création vidéo comme Pictory, InVideo ou Lumen5 pour combiner les visuels avec la narration. Vous pouvez même automatiser la publication grâce à des outils comme Zapier ou Make.com, où la mise en ligne d'un épisode de podcast peut déclencher automatiquement des publications sur les réseaux sociaux ou l'envoi d'une newsletter. Cette automatisation vous permet de publier régulièrement sans gérer manuellement chaque étape.

Ensuite, vous avez besoin d'un hub central de contenu. Il peut s'agir d'un site web, d'un blog ou d'une page de liens où tout votre contenu vocal est accessible. Utilisez un créateur de site gratuit comme Carrd, WordPress ou Notion pour présenter vos livres audio, épisodes de podcast, vidéos YouTube et cours.

Ajoutez des formulaires d'inscription via des plateformes comme MailerLite ou ConvertKit afin de collecter les adresses e-mail de vos auditeurs et les prévenir lorsque vous publiez du nouveau contenu. Au fil du temps, ce hub devient l'endroit où les gens découvrent votre travail, interagissent avec votre contenu et achètent vos produits numériques — même pendant que vous dormez.

Un autre élément essentiel est la monétisation récurrente. Les ventes ponctuelles sont excellentes, mais les abonnements, les commissions d'affiliation et les revenus publicitaires apportent un revenu durable. Par exemple, vous pouvez créer un podcast par abonnement avec des plateformes comme Supercast ou proposer du contenu premium via Patreon. Vous pouvez recommander des outils d'IA ou des produits spécialisés grâce à des programmes d'affiliation comme PartnerStack, Impact ou Gumroad Affiliates. Et vous pouvez monétiser votre contenu YouTube ou Spotify avec de la publicité à mesure que votre audience grandit. Avec la bonne structure, votre contenu narré par IA agit comme un représentant commercial qui travaille pour vous 24 heures sur 24.

N'oubliez pas de construire des systèmes de promotion et de visibilité. Même le meilleur contenu ne génèrera pas de revenus passifs si personne ne le voit. Programmez des publications régulières sur Instagram, YouTube Shorts, TikTok ou Pinterest en utilisant des extraits de vos narrations IA. Réutilisez les citations de vos podcasts ou vidéos sous forme de carrousels ou de fils de discussion. Utilisez des hashtags de manière stratégique. Interagissez avec des créateurs dans votre niche. Construisez des partenariats. Et incluez toujours des appels à l'action clairs — comme « Achetez mon livre audio », « Rejoignez mon cours » ou « Soutenez ma chaîne ». Avec le temps, votre contenu devient un aimant attirant de nouveaux auditeurs et clients sans que vous ayez besoin de vendre activement.

Enfin, mesurez et améliorez. Utilisez les tableaux de bord analytiques de Spotify, YouTube, Gumroad et Findaway pour voir quels contenus fonctionnent le mieux. Consacrez plus de temps à ce qui fonctionne et abandonnez ce qui ne fonctionne pas. Testez différentes voix, titres et miniatures. Optimisez vos scripts avec des accroches émotionnelles et des mots-clés pertinents. Sur une période de six à douze mois, votre bibliothèque de contenu passif s'accumule. Vous passerez de quelques revenus occasionnels à des revenus mensuels réguliers — tous générés par du contenu vocal alimenté par l'IA.

Voyons maintenant comment un créateur a systématisé tout son flux de contenu, construit un revenu à cinq chiffres en moins d'un an et n'a jamais enregistré un seul mot avec sa propre voix.

Comment Leo a automatisé son activité jusqu'à 4 000 $ par mois

Leo Ramirez avait toujours été quelqu'un qui aimait les systèmes. Ancien analyste informatique, il adorait les diagrammes, les modèles et l'automatisation. Mais lorsqu'il perdit son emploi après une réduction d'effectifs dans son entreprise, les systèmes ne pouvaient pas payer les factures — du moins pas immédiatement. Il commença à travailler en freelance, mais se retrouva rapidement épuisé par le travail constant pour les clients. Puis il tomba sur un article parlant de « revenus passifs avec du contenu IA ». Cela ressemblait à un simple mot à la mode, mais quelque chose fit tilt : « Et si j'utilisais mes compétences techniques pour créer des systèmes de contenu au lieu d'échanger mon temps contre de l'argent ? »

Leo décida de tester l'idée. Il écrivit un court guide de 2 000 mots sur la gestion du temps et utilisa ChatGPT pour le peaufiner. Ensuite, il introduisit le script dans ElevenLabs et généra la narration avec une voix masculine claire et professionnelle. Puis il divisa l'audio en cinq segments et créa un podcast via Spotify for Podcasters. Il réutilisa le même audio avec des diapositives visuelles via Pictory et téléversa les vidéos sur une nouvelle chaîne YouTube sans visage. Enfin, en utilisant Canva et Gumroad, il transforma le contenu en mini-cours qu'il mit en vente à 27 dollars.

Tout cela fut réalisé en une semaine.

Mais Leo ne s'arrêta pas là. Il créa un tableau de bord sur Notion où il suivait chaque contenu et les plateformes où il était publié. Il mit en place des automatisations avec Zapier pour que chaque nouvel épisode de podcast publié soit automatiquement partagé sur Twitter, Facebook et dans sa newsletter. Il créa un site simple avec Carrd comme hub central et ajouta des liens vers son cours, sa chaîne YouTube et son podcast. Puis il créa des modèles pour les scripts, les plans de leçons, les miniatures et les listes de vérification de publication — tous stockés dans Google Drive.

À la fin du premier mois, Leo avait créé cinq mini-cours narrés par IA, un podcast de 12 épisodes et 10 vidéos YouTube. Sa chaîne YouTube n'avait que 200 abonnés, mais une vidéo commença à gagner en visibilité. Son cours se vendit 13 fois. Son podcast atteignit 400 écoutes. Ce n'était pas énorme, mais quelque chose se mettait en place — et tout provenait d'un travail qu'il n'avait effectué qu'une seule fois.

Au cours des trois mois suivants, Leo reproduisit le système. Il créa du nouveau contenu sur la productivité, les activités secondaires et le développement personnel — en utilisant les mêmes processus, les mêmes outils d'IA et la même voix. Il commença à proposer un pack de ses cours pour 97 dollars. Sa chaîne YouTube atteignit 1 000 abonnés, ce qui lui permit d'activer la monétisation publicitaire. Sa liste e-mail dépassa les 1 500 abonnés. Tout était connecté : son podcast alimentait sa chaîne YouTube, sa chaîne YouTube promouvait son cours, et son cours générait des ventes d'affiliation. C'était une machine autonome.

Au sixième mois, Leo gagnait plus de 4 000 dollars par mois — entièrement passifs. Aucun client. Aucun appel. Aucun travail personnalisé. Juste des systèmes, du contenu et des voix IA fonctionnant en continu.

L'histoire de Leo ne parle pas de chance — elle parle d'effet de levier. Il n'avait ni grande audience ni équipement sophistiqué. Il avait un système, une stratégie et la volonté d'automatiser ce que la plupart des gens essaient encore de gérer manuellement. Comme il le disait souvent : « Construisez une fois, vendez pour toujours. Voilà le pouvoir de la voix passive. »

Chapitre 7 : Développer avec le clonage vocal, le contenu multilingue et les licences

Une fois que vous avez créé vos premiers produits narrés par IA et mis en place un système de revenus passifs, l'étape logique suivante est la mise à l'échelle — atteindre plus d'audiences, augmenter la production de contenu et multiplier vos sources de revenus. Trois stratégies puissantes peuvent vous aider à vous développer : le clonage vocal, le contenu multilingue et la licence de vos actifs audio. Ces techniques avancées peuvent vous permettre de faire croître votre activité numérique sans vous épuiser, tout en vous positionnant comme créateur de contenu mondial ou même comme une micro-entreprise médiatique.

Commençons par le clonage vocal — la capacité de créer un modèle de voix IA personnalisé basé sur une voix humaine réelle. La plupart des plateformes comme ElevenLabs, PlayHT et Resemble AI proposent désormais cette fonctionnalité. Le clonage vocal vous permet de maintenir une cohérence de marque dans tout votre contenu sans avoir à enregistrer manuellement chaque narration. Vous pouvez télécharger de courts échantillons de votre propre voix (ou de celle de quelqu'un d'autre avec autorisation légale), et l'outil reproduira le ton, le rythme et les inflexions. Cela est particulièrement utile si vous construisez une voix de marque pour votre chaîne YouTube, votre podcast ou votre série de livres audio. Une fois la voix clonée, vous pouvez générer du contenu à grande échelle sans compromettre l'originalité ou l'authenticité.

Le clonage vocal permet également de créer du contenu basé sur des personnages. Imaginez cloner une voix spécifique pour votre série de méditations, une autre pour vos histoires pour enfants, et une autre encore pour vos podcasts professionnels. Cela donne à votre contenu plus de profondeur, de variété et de personnalisation — ce qui augmente l'engagement et la fidélité des auditeurs. Cependant, l'utilisation éthique est essentielle. Ne clonez jamais la voix de quelqu'un sans consentement et respectez toujours les règles de licence de la plateforme.

Le niveau suivant de croissance est le contenu multilingue. Les outils de voix IA proposent désormais des narrations réalistes dans 20, 50 voire plus de 100 langues, ce qui permet à votre contenu d'atteindre un public mondial presque instantanément. Des plateformes comme LOVO AI, Synthesys, Murf et PlayHT permettent de traduire votre texte, de sélectionner une voix naturelle dans une nouvelle langue et de générer l'audio en quelques minutes. Vous n'avez pas besoin de parler la langue — il suffit de traduire votre script avec des outils comme DeepL ou Google Translate, de le faire vérifier par un locuteur natif si possible, puis de le narrer avec l'IA.

En proposant le même livre audio, podcast ou vidéo dans plusieurs langues, vous multipliez instantanément votre marché. Par exemple, un livre audio de développement personnel en anglais peut bien fonctionner aux États-Unis et au Royaume-Uni — mais une fois traduit et narré en espagnol, portugais, hindi ou mandarin, il peut atteindre des millions de personnes supplémentaires en Amérique latine, en Inde ou en Chine. Même si vous commencez simplement par l'espagnol ou le français, vous accédez à d'énormes marchés non anglophones souvent sous-desservis en produits numériques et en contenu audio éducatif.

Enfin, parlons de la licence de votre contenu généré par IA. Une fois que vous avez créé une bibliothèque d'audios narrés de haute qualité — qu'il s'agisse de méditations, d'histoires, de cours, d'ambiances sonores ou d'épisodes de podcast — vous pouvez accorder des licences de ce contenu à d'autres créateurs, plateformes ou entreprises. Cela transforme votre contenu en propriété intellectuelle (PI) capable de générer des revenus en continu. Par exemple, vous pourriez concéder une licence d'un ensemble de méditations guidées à une application de bien-être, vendre une série de podcasts à une plateforme de streaming ou proposer des droits commerciaux limités pour vos cours audio ou narrations.

Des sites comme AudioJungle, Envato Elements, Pond5 et même Gumroad peuvent être utilisés pour vendre des licences pour des actifs audio. Vous pouvez définir vos propres conditions : usage personnel, usage commercial, exclusif ou non exclusif. Même votre voix clonée (si la politique de la plateforme l'autorise) peut être licenciée à des clients qui souhaitent un style ou un ton spécifique pour leurs projets audio. Ce modèle ouvre la porte à des contrats évolutifs et à forte valeur sans nécessiter une production constante.

En résumé, développer votre activité de voix IA signifie aller au-delà de la simple narration. Utilisez le clonage vocal pour personnaliser et rationaliser votre création de contenu. Utilisez la narration multilingue pour atteindre de nouvelles audiences dans le monde entier. Et utilisez les modèles de licence pour transformer votre contenu vocal en actifs numériques vendables et réutilisables. C'est ainsi que vous passez du statut de créateur individuel à celui d'une marque évolutive alimentée par la voix.

Voyons maintenant l'histoire d'une artiste qui est passée de la vente d'une seule méditation narrée par IA à la licence de toute sa bibliothèque de contenu vocal à des entreprises de bien-être — dans trois langues différentes.

Amara gagnait un revenu passif en faisant ce qu'elle aimait

Amara Lopez avait toujours été une âme créative — artiste visuelle, professeure de yoga et blogueuse bien-être à temps partiel. Mais ce qu'elle aimait le plus, c'était écrire des méditations. Chaque matin, elle passait du temps à rédiger des scripts poétiques et apaisants destinés à calmer l'esprit et à reconnecter avec la respiration. Un jour, une élève de son cours de yoga lui demanda si elle avait des enregistrements audio de ses méditations. Amara hésita. « Non, mais... j'y ai déjà pensé. » Ce soir-là, elle décida d'en créer une.

Elle n'avait ni bon micro ni espace d'enregistrement silencieux. Mais elle avait récemment lu un article sur les voix IA capables de paraître humaines et apaisantes. Elle s'inscrivit sur ElevenLabs, colla son script dans l'éditeur et choisit une voix féminine douce et respirante. Le résultat fut étonnant. Elle ferma les yeux et écouta — ses mots semblaient prendre vie à travers quelqu'un d'autre. Elle ajouta une musique douce provenant d'une bibliothèque libre de droits, téléversa la méditation sur YouTube et l'intitula « Morning Grounding Practice ». En une semaine, la vidéo atteignit 2 000 vues.

Cette seule vidéo déclencha une vague de création. Amara écrivit dix nouvelles méditations — chacune axée sur un thème comme la gratitude, l'énergie ou la paix intérieure — et les narra avec sa voix IA préférée. Elle regroupa les pistes audio dans un album numérique qu'elle vendit sur Gumroad pour 19 dollars. Les gens adorèrent. Les avis affluèrent : « Si apaisant », « On dirait que vous êtes juste à côté de moi », « Mieux que Headspace ». Elle gagnait un revenu passif en faisant ce qu'elle aimait — sans jamais enregistrer sa propre voix.

Puis un client lui envoya un message en espagnol : « ¿Tienes estas meditaciones en español? » Amara ne les avait pas — mais l'idée resta dans son esprit. Elle utilisa DeepL pour traduire ses scripts, puis alla sur PlayHT et sélectionna une voix espagnole douce et naturelle. Le résultat était tout aussi apaisant. Elle lança la version espagnole de son pack de méditations. Les ventes doublèrent. Elle ajouta ensuite des versions françaises et portugaises. Chaque nouvelle langue ouvrait la porte à de nouveaux clients. Sa boîte de réception se remplissait de messages de remerciement venant du monde entier.

Mais le véritable tournant arriva lorsqu'une application de bien-être découvrit son travail sur YouTube. Elle lui proposa de licencier cinq de ses méditations pour 1 500 dollars — non exclusif, avec attribution. Amara accepta. Puis une autre application la contacta. Puis une chaîne de spas en Australie. Elle créa un dossier de présentation, établit ses conditions de licence (99 dollars usage personnel, 199 dollars usage commercial, 1 000 dollars exclusif) et commença à recevoir des demandes chaque semaine.

Très vite, Amara ne se contentait plus de créer des méditations — elle dirigeait une véritable activité de licence de contenu. Elle engagea un freelance pour traduire et formater ses scripts, et utilisa le clonage vocal pour créer une voix unique qui devint l'identité de sa marque. Elle était calme, féminine et légèrement accentuée — exactement comme la narratrice de ses rêves. Elle développa ensuite des ambiances sonores, des affirmations et des histoires pour dormir. Tout était alimenté par des voix IA — mais guidé par sa créativité et son message.

Le parcours d'Amara, de l'artiste à l'entrepreneure, n'était pas traditionnel. Elle n'a pas cherché la célébrité, n'est pas devenue virale et n'est même jamais apparue à la caméra. Elle a simplement développé ce qu'elle aimait grâce à la technologie. Aujourd'hui, son contenu vocal est diffusé dans des spas, des applications et des playlists sur cinq continents — et aucun micro n'a été nécessaire.

Son histoire prouve que lorsque la passion rencontre les systèmes — et que la voix rencontre l'échelle — vous ne créez pas seulement des revenus. Vous créez un impact.

Chapitre 8 : Considérations juridiques, éthiques et de marque concernant les voix IA

À mesure que vous développez votre activité de contenu vocal avec l'IA, il devient de plus en plus important de comprendre les aspects juridiques, éthiques et de marque liés à ce que vous créez. Bien que les voix IA ouvrent d'incroyables opportunités pour les créateurs de contenu, les freelances et les entrepreneurs, elles s'accompagnent également de responsabilités importantes. Ce chapitre vous aidera à éviter les pièges juridiques, à maintenir une intégrité éthique et à construire une marque digne de confiance et respectée — même si la voix derrière celle-ci n'est pas humaine.

Commençons par les considérations juridiques. L'un des problèmes juridiques les plus importants lors de l'utilisation d'outils de voix IA concerne les droits d'utilisation. Toutes les plateformes ne permettent pas l'utilisation commerciale de leurs voix sur tous les plans. Certaines limitent l'usage à des projets personnels, sauf si vous souscrivez à une licence commerciale ou entreprise. Par exemple, ElevenLabs, PlayHT et Murf proposent des niveaux d'utilisation commerciale, et publier ou vendre de l'audio généré par IA sans la licence appropriée peut entraîner la suppression de votre contenu, des avertissements juridiques ou même la suspension de votre compte. Avant de vendre des livres audio, des services de voix off en freelance ou des narrations pour des cours, assurez-vous que les conditions d'utilisation de votre outil vocal autorisent explicitement cet usage.

Un autre point étroitement lié concerne la légalité du clonage vocal. Créer un clone de votre propre voix est généralement autorisé — et souvent encouragé — tant que cela n'est pas utilisé à des fins trompeuses. Cependant, cloner la voix de quelqu'un d'autre sans autorisation constitue une violation de la propriété intellectuelle et peut entraîner des poursuites judiciaires. Obtenez toujours un consentement écrit si vous prévoyez de créer ou d'utiliser la voix d'une autre personne, même si elle vous fournit des échantillons. Certaines plateformes exigent le téléchargement d'un consentement vocal afin de vérifier l'identité avant d'autoriser le clonage. N'utilisez pas les voix de célébrités ou de personnalités publiques connues sauf si elles sont explicitement autorisées pour l'imitation ou la parodie dans le cadre du « fair use » — ce qui est rarement autorisé à des fins commerciales.

Un autre élément juridique à considérer est la propriété du contenu. Lorsque vous utilisez des outils d'IA pour générer des voix off, vous conservez généralement les droits d'auteur sur le produit audio final — à condition d'avoir créé le texte vous-même et d'avoir utilisé une voix sous licence pour la narration. Toutefois, vous ne possédez pas forcément le modèle vocal lui-même. Cela est important si vous prévoyez de revendre le même audio sur différentes plateformes ou de le licencier à des tiers. Si vous avez des doutes concernant vos droits, consultez la FAQ et la documentation juridique de la plateforme ou contactez leur support avant de distribuer votre contenu à grande échelle.

Parlons maintenant des considérations éthiques. Alors que la loi définit ce que vous pouvez faire, l'éthique définit ce que vous devriez faire. Présenter des voix IA comme étant de vraies voix humaines — en particulier dans des contenus destinés au public — peut nuire à la confiance. Soyez transparent lorsque cela est approprié. Par exemple, au lieu de cacher que votre cours ou votre livre audio est narré par IA, vous pouvez mentionner que vous utilisez une technologie vocale avancée pour offrir une expérience cohérente et de haute qualité. Cette transparence renforce souvent la crédibilité et suscite l'intérêt, en particulier auprès des audiences technophiles ou entrepreneuriales.

L'utilisation éthique concerne également la manière dont vous commercialisez et distribuez votre contenu. N'annoncez pas faussement que vos voix off sont interprétées par des acteurs spécifiques. Ne vendez pas du contenu que vous n'avez pas créé ou fortement emprunté à d'autres créateurs sans transformation ou autorisation. Et n'utilisez pas la narration IA pour créer du contenu trompeur ou manipulateur, comme de faux témoignages, des affirmations mensongères ou de la publicité trompeuse. À mesure que la réglementation sur l'IA se développe, les violations éthiques peuvent nuire à votre marque ou attirer l'attention des autorités.

Passons maintenant à l'image de marque. L'un des plus grands avantages des voix IA est la possibilité de créer un son cohérent et professionnel dans tout votre contenu — sans dépendre de votre propre voix. Vous pouvez utiliser cela pour créer une identité vocale de marque. Choisissez un style de voix (calme, énergique, chaleureux, confiant, etc.), un ton et un rythme qui correspondent à votre message et à votre audience. Utilisez cette même voix dans vos livres audio, vidéos, podcasts et publicités afin de construire une familiarité et une confiance. Avec le temps, les gens reconnaîtront votre contenu à son son — tout comme ils reconnaissent un logo ou un jingle.

Pour renforcer votre marque, vous pouvez donner un nom à votre voix IA (si c'est un personnage), une histoire (dans un contexte narratif) ou un rôle (comme « Coach », « Narrateur » ou « Hôte »). Si vous clonez votre propre voix, cela devient encore plus puissant. L'important est la cohérence. L'image de marque inclut également les éléments visuels — associez le ton de votre voix à vos couleurs, vos couvertures, vos miniatures et votre typographie. Que votre style soit minimaliste et apaisant ou audacieux et dynamique, votre marque doit être cohérente sur toutes les plateformes.

Enfin, rappelez-vous que votre marque ne se limite pas à la façon dont votre contenu sonne — elle repose aussi sur ce que les gens ressentent à propos de votre travail. Si vous vous positionnez comme quelqu'un de fiable, créatif et innovant — et que vous apportez constamment de la valeur — votre audience ne se souciera pas de savoir si la voix est synthétique ou humaine. Elle se souciera du fait que vous l'avez aidée, inspirée, instruite ou touchée.

Dans l'histoire suivante, vous allez rencontrer un créateur qui est devenu viral en utilisant des voix IA — mais qui a aussi subi des critiques lorsqu'il n'a pas été transparent. C'est une leçon sur l'importance de l'honnêteté, de l'éthique et de l'image de marque lorsqu'on construit une activité durable à l'ère de l'IA.

L'histoire d'Ethan

Ethan Ross n'essayait pas de tromper qui que ce soit. Lorsqu'il a lancé sa chaîne YouTube sans visage, c'était simplement un projet parallèle — une manière de partager des conseils de productivité qu'il écrivait dans son journal depuis des années.

Il utilisait une voix ElevenLabs parce qu'il n'aimait pas sa voix lorsqu'il s'enregistrait. Il gardait son identité privée, utilisait des images libres de droits et publiait une vidéo chaque semaine. En six mois, sa chaîne explosa. L'une de ses vidéos — « 5 habitudes qui ont changé ma vie » — atteignit 1,2 million de vues. Les abonnés affluèrent. Les e-mails. Les commentaires. Les demandes de coaching. Les gens pensaient qu'Ethan était un entrepreneur expérimenté, un orateur charismatique à la voix incroyablement fluide.

Il ne les corrigea pas.

En réalité, il entretenait le mystère. Il créa un cours en ligne en utilisant la même voix IA et le présenta avec un logo minimaliste. Les gens pensaient qu'il avait tout enregistré lui-même. Son marketing suggérait l'authenticité : « Je partage ce qui a fonctionné pour moi... » « Vous entendrez mon parcours... » Ce n'était pas un mensonge — mais ce n'était pas toute la vérité non plus. Et un jour, quelqu'un le remarqua.

Un spectateur commenta : « Cette voix est-elle générée par IA ? On dirait ElevenLabs. » Un autre publia une discussion détaillée sur Reddit. Certains fans le défendirent en disant que le message comptait plus que la voix. Mais d'autres se sentirent trahis. « Tu as laissé croire que c'était toi », écrivit un utilisateur. « Si tu mens sur ta voix, sur quoi d'autre exagères-tu ? »

Ethan fut choqué. Il avait construit quelque chose de réel — du contenu utile, des scripts sincères, des conseils précieux. Mais il n'avait pas été transparent, et maintenant sa marque en souffrait. Il publia une vidéo intitulée « La vérité sur ma voix ». Dans cette vidéo, il expliqua : « Oui, j'utilise une technologie de voix IA. Elle me permet de me concentrer sur l'écriture et la stratégie. Les mots sont les miens. La voix est un outil. » Il montra même une courte séquence des coulisses de son processus et expliqua pourquoi il avait lancé la chaîne.

La réaction fut partagée — mais globalement positive. Les abonnés apprécièrent son honnêteté. Certains le félicitèrent même. « Cela me donne encore plus envie de suivre ta chaîne », écrivit quelqu'un. Ethan mit à jour son site web et les descriptions de ses cours pour mentionner la narration IA. Il ajusta légèrement sa marque — assumant son rôle d'auteur et créateur derrière la voix numérique. Ce n'était pas parfait, mais c'était authentique. Et cela fonctionna.

À partir de ce moment-là, la marque d'Ethan devint synonyme de transparence, d'innovation et de simplicité. Il lança une série intitulée « Créer avec l'IA », où il expliquait comment il utilisait les outils vocaux pour développer la création de contenu. Il attira un nouveau public — des créateurs qui ne voulaient pas apparaître à la caméra mais souhaitaient tout de même construire quelque chose de significatif. Son histoire devint un véritable exemple d'éthique, de branding et de confiance.

Il avait appris à ses dépens que votre voix — qu'elle soit IA ou réelle — porte du poids. Elle devient le symbole de votre message. Et si ce message est fondé sur la vérité, la valeur et la cohérence, il peut devenir quelque chose de puissant. Ethan ne s'est pas seulement remis de cette situation — il a grandi. Mais uniquement parce qu'il a choisi de diriger avec intégrité.

Chapitre 9 : Utiliser les voix IA pour bâtir une autorité, de l'influence et une marque à long terme

La plupart des gens considèrent les voix IA comme de simples outils — des moyens de gagner du temps, de réduire les coûts ou d'automatiser des tâches de narration répétitives. Et c'est vrai. Mais si vous vous arrêtez là, vous passerez à côté de l'une des opportunités les plus puissantes que le contenu vocal alimenté par l'IA peut offrir : la possibilité de construire une autorité à long terme, de l'influence et une marque de confiance. Dans ce chapitre, nous allons passer de la simple monétisation au positionnement de marque — et voir comment utiliser votre contenu narré par IA pour diriger une niche, enseigner à grande échelle et devenir une voix de référence (même si ce n'est pas votre propre voix).

Pour bâtir une autorité avec du contenu vocal IA, la première étape consiste à vous approprier votre message. L'autorité ne vient pas d'une belle voix — elle vient d'une valeur apportée de manière constante. Que vous narriez des livres audio, publiiez des épisodes de podcast ou produisiez des vidéos YouTube sans visage, la véritable puissance réside dans ce que vous dites. Cela signifie choisir une niche claire, résoudre des problèmes spécifiques et proposer un contenu qui améliore réellement la vie des gens. L'autorité se construit par la répétition, la qualité et l'intention — pas simplement par la quantité.

La deuxième clé est la constance de présence. Lorsque quelqu'un entend votre voix narrée par IA sur plusieurs plateformes — votre livre audio, votre chaîne YouTube, votre série d'e-mails et votre cours — cela crée une impression d'omniprésence. Cette familiarité engendre la confiance. Les gens commencent à reconnaître « votre voix » même s'ils n'ont jamais vu votre visage. Pour renforcer cela, utilisez le même narrateur ou la même persona vocale IA dans toute votre bibliothèque de contenu. Créez une introduction et une conclusion de marque. Utilisez la même musique et la même structure dans vos podcasts et vidéos. Avec le temps, votre voix IA devient votre signature.

Une façon d'amplifier cette autorité consiste à enseigner à grande échelle. Les cours numériques, les tutoriels narrés par IA et les livres audio riches en valeur vous permettent d'éduquer des milliers de personnes avec le même contenu. Lorsque votre voix enseigne — en particulier dans des formats evergreen — elle vous positionne comme un leader dans votre domaine. Ajoutez des ressources téléchargeables, des listes de vérification et du contenu bonus pour augmenter l'engagement et la valeur perçue. Présentez votre contenu narré par IA comme la première étape d'un parcours d'apprentissage — puis créez des passerelles vers du coaching, des abonnements ou des communautés.

Vous pouvez également construire votre influence en intégrant votre voix dans d'autres écosystèmes. Par exemple, accorder des licences de votre contenu audio à des créateurs, des applications ou des éducateurs dans votre niche vous permet d'atteindre de nouvelles audiences. Vous pouvez collaborer avec des influenceurs en proposant des versions narrées par IA de leurs scripts, méditations ou newsletters. Si vous êtes dans les domaines de la santé, de la finance, de l'immobilier ou du business, votre contenu vocal IA peut alimenter des podcasts, des académies en ligne et même des applications explicatives. Cela vous permet de passer du statut de créateur solo à celui de leader numérique — la voix de référence pour un sujet ou une transformation.

Une autre clé pour construire une marque durable est le storytelling. Les humains ne se souviennent pas seulement des faits — ils se souviennent des histoires. Intégrez des récits dans votre contenu narré par IA : des histoires de votre vie, de votre audience ou des études de cas pertinentes. Même si vous utilisez l'IA, votre contenu doit sembler issu d'expériences réelles. C'est ce qui crée une connexion émotionnelle. Lorsque les gens disent : « J'ai l'impression de vous connaître » après avoir écouté votre contenu, vous êtes sur la bonne voie. Votre voix devient un canal de confiance, de transformation et de résonance émotionnelle.

Enfin, élevez votre marque grâce au leadership d'opinion. Partagez des idées audacieuses, remettez en question certaines croyances et proposez des cadres de pensée uniques à travers votre contenu. Cela vous distingue des fermes de contenu et des narrations génériques. Si votre voix IA est constamment associée à des idées puissantes — et pas seulement à des produits — vous construirez une marque capable de durer dans le temps. Utilisez votre plateforme non seulement pour enseigner, mais aussi pour guider. C'est ainsi que des figures comme Tim Ferriss, Brené Brown ou Naval Ravikant ont émergé : en partageant des idées, de la clarté et du courage — de manière constante.

Alors n'utilisez pas simplement le contenu vocal IA pour « vous débrouiller ». Utilisez-le pour devenir une voix de confiance. Qu'il s'agisse de 100 abonnés ou de 100 000 étudiants, votre audience se souviendra de ce que votre contenu lui a fait ressentir. Et ce ressenti — cette confiance — est votre actif le plus précieux.

Entrons maintenant dans l'histoire d'une experte du bien-être qui a utilisé la narration IA non seulement pour éduquer son audience — mais aussi pour lancer un mouvement mondial autour de la guérison et de la liberté émotionnelle.

5 Minutes vers le calme émotionnel

Layla Shah était une thérapeute diplômée qui avait toujours eu du mal avec la visibilité. Son cabinet privé fonctionnait très bien localement, mais au fond d'elle-même, elle voulait aider davantage de personnes. « Il y a trop de gens qui souffrent en silence », disait-elle souvent. Elle avait des idées, des méthodes et des outils — mais aucune plateforme. Elle essaya le blogging. Aucun résultat. Elle publia sur Instagram. Peu d'engagement. Puis un jour, une amie lui envoya une méditation YouTube narrée par une voix et lui dit : « Tu pourrais totalement faire quelque chose comme ça — ton travail est incroyable. » Cette suggestion changea tout.

Layla écrivit un script simple intitulé « 5 minutes pour retrouver le calme émotionnel ». Elle utilisa ChatGPT pour l'aider à structurer le texte comme une courte méditation, puis se connecta à ElevenLabs. Elle choisit une voix féminine chaleureuse et bienveillante qui lui rappelait la manière dont elle parlait à ses patients. Elle généra l'audio, ajouta une musique douce en arrière-plan et publia la vidéo sur YouTube sous le titre : « Pratique quotidienne d'ancrage pour l'anxiété ». Elle n'attendait pas grand-chose.

Une semaine plus tard, la vidéo atteignit 12 000 vues. Les commentaires la bouleversèrent. « Cela m'a sauvé aujourd'hui. » « J'en avais besoin plus que vous ne pouvez l'imaginer. » « Abonné immédiatement. » Elle avait enfin trouvé sa voix — même si ce n'était pas la sienne. Et cela lui donna la confiance nécessaire pour continuer.

Layla commença à narrer des versions courtes des outils qu'elle utilisait en thérapie. Techniques d'ancrage. Exercices de libération émotionnelle. Éducation sur les traumatismes. Tout était écrit par elle, narré par IA et partagé avec bienveillance. Elle créa un podcast appelé The Self-Soothing Library. Elle transforma ses scripts en livre audio intitulé Healing in Your Hands. Elle lança un cours sur Gumroad combinant des audios narrés par IA et des cahiers d'exercices téléchargeables.

Mais ce qui la surprit le plus fut la réaction des gens face à la voix. « Je me sens en sécurité en écoutant cela. » « Qui est la narratrice ? Elle est incroyable. » Layla souriait à chaque fois. « C'est mon message — avec juste un peu d'aide de la technologie. » Elle ne cachait rien — au contraire, elle commença à montrer son processus sur Instagram, où des thérapeutes et des coachs commencèrent à lui demander comment faire la même chose.

Très vite, Layla enseignait à d'autres professionnels de la santé mentale comment amplifier leur impact grâce aux voix IA. Elle créa un site d'adhésion, narré par IA, où elle expliquait comment écrire des scripts, générer des voix off et transformer leur travail en contenus audio thérapeutiques. Elle n'était plus seulement thérapeute — elle était mentor, éducatrice et créatrice de mouvement.

Sa voix — ou plutôt l'extension numérique de sa voix — devint sa marque. Cohérente, compatissante et claire. Les gens la suivaient non seulement pour son contenu, mais aussi pour le calme qu'il apportait. Ils lui faisaient confiance. Et cette confiance se transforma en livres, invitations à des conférences et accords de licence internationaux avec des plateformes de santé mentale.

Layla n'avait jamais prévu de construire une marque mondiale. Elle voulait simplement aider plus de personnes. Mais en apparaissant avec intention, en utilisant l'IA comme un pont — et non comme un masque — elle devint une voix de guérison pour des milliers de personnes. Et elle l'a fait non pas en criant plus fort, mais en parlant de manière constante, avec sens et avec amour.

Chapitre 10 : Vos prochaines étapes — lancer et développer votre entreprise de contenu vocal

Vous avez maintenant exploré tout le potentiel de la technologie des voix IA — de la création de livres audio et de podcasts à la vente de services de voix off, au lancement de chaînes YouTube sans visage et à la transformation de votre contenu en une marque mondiale. Que vous soyez au tout début ou que vous gagniez déjà de l'argent, le dernier chapitre de ce parcours consiste à passer à l'action, à lancer avec confiance et à grandir avec intention. Dans ce chapitre, nous allons définir vos prochaines étapes pour transformer vos connaissances en élan et créer une entreprise durable de contenu vocal génératrice de revenus grâce à l'IA.

La première étape consiste à choisir un domaine de concentration. Bien que les voix IA puissent être utilisées de nombreuses façons, le succès arrive plus vite lorsque vous commencez avec un seul cas d'utilisation. Choisissez celui qui correspond le mieux à vos forces ou à vos ressources actuelles. Si vous avez déjà un blog ou un livre, commencez par le transformer en livre audio. Si vous êtes actif sur les réseaux sociaux, lancez une chaîne vidéo sans visage en utilisant des scripts narrés. Si vous êtes doué pour écrire et organiser des idées, créez un cours narré par voix IA. Les créateurs les plus rentables n'essaient pas de tout faire en même temps — ils construisent d'abord un projet solide, puis le réutilisent ensuite sous d'autres formes.

Ensuite, concevez votre premier produit ou canal monétisé. Si vous créez un livre audio, formatez votre manuscrit, générez l'audio chapitre par chapitre et téléchargez-le sur Findaway Voices ou ACX. Si vous lancez une chaîne YouTube, écrivez un script vidéo, générez la narration, associez-la à des visuels et publiez avec des titres et des miniatures optimisés. Si vous créez un cours, produisez des leçons avec une voix IA et des diapositives, puis publiez-les sur des plateformes comme Udemy ou Teachable. Choisissez un nom, une identité de marque et créez une simple page d'accueil ou un lien bio où les gens peuvent accéder à tout ce que vous proposez.

Une fois lancé, concentrez-vous sur la création d'élan grâce à la constance. Cela peut signifier publier un livre audio par mois, un épisode de podcast par semaine ou une vidéo YouTube tous les trois jours. L'IA vous donne de la vitesse et de l'effet de levier — utilisez-la pour dépasser votre concurrence sans sacrifier la qualité. Mettez en place des modèles et des flux de travail. Gardez votre voix cohérente. Réutilisez votre contenu dans différents formats pour maximiser votre portée. Votre objectif n'est pas la perfection — c'est la persévérance. À chaque publication, vous construisez la confiance, la visibilité et la reconnaissance de votre marque.

Au fur et à mesure que vous grandissez, donnez la priorité à la construction d'une audience et à la croissance de votre liste. Utilisez votre contenu pour attirer des abonnés par e-mail ou des followers vers un hub central — une newsletter, un serveur Discord, un flux de podcast privé ou une communauté. C'est là que vous annoncerez vos nouvelles sorties, recueillerez des retours précoces et générerez des ventes sans dépendre des algorithmes. Ajoutez des appels à l'action dans votre contenu narré par IA — par exemple : « Abonnez-vous pour recevoir le prochain épisode » ou « Téléchargez le guide gratuit dans la description ». Même si votre voix est générée par IA, votre engagement doit rester réel et humain.

N'oubliez pas de diversifier vos sources de revenus. Une fois que vous avez construit un système rentable, ajoutez-en d'autres progressivement. Par exemple, si votre podcast fonctionne bien, regroupez vos scripts dans un ebook ou un cours. Si votre livre audio se vend bien, licencez-le dans d'autres langues. Si votre chaîne YouTube génère du trafic, ajoutez des liens d'affiliation, des sponsors ou une boutique de produits numériques. Laissez votre contenu alimenter votre entreprise. Construisez une bibliothèque, pas seulement quelques fichiers.

Enfin, planifiez la montée en échelle. Cela signifie documenter vos processus, utiliser des plateformes d'automatisation comme Zapier ou Make.com et embaucher de l'aide lorsque cela devient nécessaire. Si vous gagnez de l'argent avec des livres audio, embauchez un assistant virtuel pour formater les manuscrits. Si vous produisez du contenu chaque semaine, externalisez la recherche ou la création de miniatures. L'objectif n'est pas de faire plus — mais de faire mieux avec moins d'effort. Créez des systèmes afin de pouvoir vous concentrer sur la vision, la créativité et la croissance.

Votre parcours ne se termine pas ici — c'est seulement le début. Le contenu vocal alimenté par l'IA n'est pas simplement une tendance. C'est une transformation. La capacité de parler au monde — instantanément, de manière répétée et sans limites — est désormais entre vos mains. Vous n'avez pas besoin d'être célèbre. Vous n'avez pas besoin d'être extraverti. Vous n'avez même pas besoin d'un microphone. Tout ce dont vous avez besoin, c'est de votre voix — votre message — et d'un système qui permet de le faire entendre.

Terminons maintenant avec une dernière histoire — celle qui montre ce qui est possible lorsqu'une personne saisit pleinement cette opportunité et construit une entreprise, une marque et un héritage en utilisant uniquement l'IA et le courage de créer.

Comment Tyler a créé Brain Fuel

Tyler Brooks ne cherchait pas à créer une entreprise. Il voulait simplement sortir de l'épuisement professionnel. Ancien professeur d'école, il s'était épuisé après dix ans à corriger des copies, assister à des réunions après les cours et gérer des classes de plus en plus nombreuses. Il aimait enseigner — mais pas le système. Un été, après avoir quitté son emploi, il se retrouva à regarder des vidéos YouTube sur les activités secondaires. Il tomba sur une vidéo intitulée « Gagner 100 $ par jour avec du contenu vocal IA ». Au début, il leva les yeux au ciel. Mais une idée resta. « Je sais enseigner. Je ne veux simplement pas être devant la caméra. » La graine était plantée.

Tyler écrivit un court script : « Comment apprendre n'importe quoi plus rapidement ». Il était basé sur un atelier qu'il enseignait autrefois. Il le mit dans ElevenLabs, choisit un narrateur masculin chaleureux et généra la voix off. Il ajouta des diapositives dans Canva, créa une vidéo simple dans Pictory et la publia sur YouTube. La vidéo obtint 56 vues en trois jours. Il faillit abandonner. Mais un commentaire apparut : « C'est de l'or. Faites-en plus comme ça. »

Encouragé, Tyler écrivit quatre autres scripts. Un sur la mémoire, un sur la concentration, un sur la prise de notes et un sur les styles d'apprentissage. Il créa un mini-cours intitulé Smart Learning Toolkit, entièrement narré par IA. Il le publia sur Gumroad pour 17 $ et offrit une leçon audio gratuite en échange d'un e-mail. En un mois, il avait 150 abonnés et 30 ventes. Ce n'était pas révolutionnaire — mais c'était réel. Une preuve de concept.

Il redoubla d'efforts. Il transforma chaque module en vidéo YouTube. Il rassembla les scripts dans un livre audio. Il lança un podcast appelé Brain Fuel, où il publiait chaque semaine des conseils d'apprentissage de cinq minutes — tous narrés par IA. Il utilisa ConvertKit pour envoyer une newsletter hebdomadaire avec des liens vers ses produits, son nouveau contenu et même des outils d'affiliation pour les apprenants. Ses revenus passèrent de 300 $ par mois à 2 000 $ par mois en trois mois.

Tyler réalisa que le pouvoir ne résidait pas seulement dans les outils — mais dans son message. Il ne publiait pas simplement du contenu narré par IA. Il aidait les gens à mieux apprendre. Il était toujours enseignant — mais avec plus de portée, de liberté et de créativité que jamais. À la fin de la première année, il avait publié six livres audio, cinq mini-cours et plus de 100 contenus narrés. Sa chaîne YouTube dépassa les 10 000 abonnés. Sa liste e-mail dépassa les 5 000 abonnés. Et son entreprise franchit la barre des 10 000 $ par mois.

Mais surtout, il était fier à nouveau. Fier de sa voix — même si elle était générée par IA. Fier des apprenants qu'il aidait. Fier de ne pas être resté bloqué.

L'histoire de Tyler est un rappel : les outils existent. Le marché est prêt. La seule chose qui manque est votre décision de commencer.

Épilogue : L'IA est votre véhicule

Nous sommes arrivés à la fin de ce livre, mais en réalité, ce n'est que le début. Ce que vous avez exploré ici n'est pas seulement un guide — c'est une porte d'entrée. Une porte vers une nouvelle ère où la technologie ne remplace plus la créativité, mais l'amplifie. Une ère où l'intelligence artificielle — autrefois réservée aux laboratoires de recherche et à la science-fiction — devient votre partenaire d'expression, de croissance et de revenus. Vous avez vu comment un simple bloc de texte peut être transformé en un audio puissant capable d'émouvoir, d'enseigner des compétences ou de raconter des histoires. Et surtout, vous avez découvert comment cette transformation peut être monétisée, développée et personnalisée.

Dès les premiers chapitres, vous avez appris comment l'industrie de la voix off a évolué. Vous connaissez désormais la différence entre une synthèse vocale robotique et une narration IA riche en émotions. Vous avez découvert des plateformes capables de cloner votre voix, de lire dans plusieurs langues, d'ajuster le ton et le rythme, et même de porter vos mots jusqu'à des audiences dans des pays que vous ne visiterez peut-être jamais. Et le meilleur dans tout cela ? Ces outils ne sont plus cachés derrière des barrières coûteuses ni réservés aux grandes entreprises médiatiques. Ils sont disponibles pour vous dès maintenant, souvent gratuitement ou à un coût très faible. Vos limites ne se trouvent plus dans l'accès — elles résident uniquement dans votre imagination et votre capacité à passer à l'action.

Ce livre n'est pas seulement un manuel. C'est une carte. Une carte qui peut guider un enseignant vers un impact mondial sans avoir besoin d'une salle de classe. Un freelance vers un revenu stable sans posséder de microphone. Un écrivain vers une influence à grande échelle sans jamais monter sur une scène. Les outils dont nous avons parlé démocratisent la narration, l'éducation et l'entrepreneuriat. Que vous soyez dans un appartement calme ou dans une maison bruyante, que vous soyez passionné de technologie ou totalement débutant, vous avez maintenant tout ce qu'il faut pour construire quelque chose de puissant. Les outils existent. Le marché est prêt. L'opportunité est immense.

Mais souvenez-vous : les outils ne sont puissants que par les personnes qui les utilisent. La voix générée par l'IA n'est qu'un véhicule. Ce qui lui donne du sens, ce qui lui donne du poids et de la profondeur, c'est vous. Vos idées. Votre passion. Votre histoire. C'est votre créativité et votre perspective qui transforment des voix synthétiques en connexion humaine. C'est le secret que beaucoup de gens ne comprennent pas. La technologie seule n'est pas transformative — ce sont les créateurs qui le sont. Vous en faites partie. Ce que vous dites, ce que vous partagez, ce que vous enseignez — voilà ce qui compte réellement. La voix n'est que le moyen par lequel votre message voyage.

Alors, quelle est la prochaine étape ? Il est temps de construire. Enregistrez ce premier article narré. Transformez un billet de blog en un échantillon de livre audio. Lancez un service proposant des voix off IA pour les entreprises. Narrez votre cours, traduisez-le en cinq langues et publiez-le sur des plateformes mondiales. Commencez petit, mais commencez intelligemment. Testez tout. Apprenez vite. Ajustez souvent. N'attendez pas que ce soit parfait — car cela ne le sera jamais. Les créateurs qui réussissent dans cette nouvelle ère ne sont pas ceux qui possèdent le meilleur équipement — ce sont ceux qui ont le plus d'élan.

Et au fur et à mesure que vous avancez, n'oubliez jamais les valeurs qui guident le succès à long terme : la transparence, la constance, la créativité et la volonté de servir. Que vous racontiez des histoires, enseigniez des compétences ou construisiez une entreprise — votre impact se mesure à la manière dont vous aidez les autres. Le profit suit la valeur. Et la valeur commence par l'intention.

L'avenir appartient à ceux qui s'adaptent. À ceux qui combinent l'éthique de travail traditionnelle avec les outils modernes. À ceux qui cessent de demander la permission et commencent à publier, partager, créer et vendre. Vous n'avez pas besoin d'être célèbre. Vous n'avez pas besoin d'être bruyant. Vous n'avez même pas besoin d'être vu. Tout ce dont vous avez besoin est un système, une histoire et une stratégie — et maintenant, vous possédez les trois. Voilà la puissance de la révolution des voix off alimentées par l'IA.

Alors continuez à apprendre. Continuez à créer. Continuez à tester, ajuster et grandir. Que votre premier projet soit une publication narrée sur les réseaux sociaux ou une méditation guidée — vous posez les fondations de quelque chose de scalable, rentable et significatif. Et à mesure que les outils évoluent, vous évoluerez aussi.

Merci de m'avoir accompagné dans ce voyage. Merci de croire en votre voix — qu'elle soit enregistrée, générée ou quelque part entre les deux. Le monde écoute. Il est temps de donner une voix à vos mots. Et votre voix ? Il est temps de lui donner un héritage.

www.ingramcontent.com/pod-product-compliance
Lightning Source LLC
LaVergne TN
LVHW010835051026
849532LV00007B/2714